ÉLÉMENTS

DE LA

GRAMMAIRE

FRANÇAISE

PAR M. LHOMOND

PROFESSEUR ÉMÉRITE EN L'UNIVERSITÉ DE PARIS

NOUVELLE ÉDITION

Augmentée d'un appendice sur a Proposition et l'Analyse, soit logique, soit grammaticale, et de la liste des mots dans lesquels la lettre *H* est aspirée, etc.

TOURS

A[d] MAME ET Cie, IMPRIMEURS-LIBRAIRES

ÉLÉMENTS

DE LA

GRAMMAIRE

FRANÇAISE

PAR M. LHOMOND

PROFESSEUR ÉMÉRITE EN L'UNIVERSITÉ DE PARIS

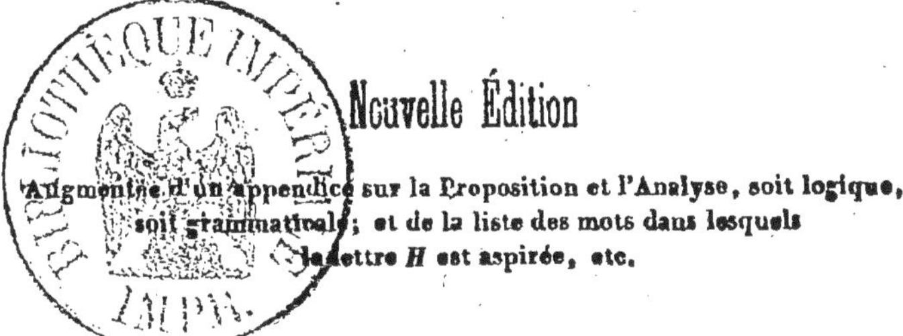

Nouvelle Édition

Augmentée d'un appendice sur la Proposition et l'Analyse, soit logique, soit grammaticale; et de la liste des mots dans lesquels la lettre *H* est aspirée, etc.

TOURS

A^d^ MAME ET Cie, IMPRIMEURS-LIBRAIRES

1856

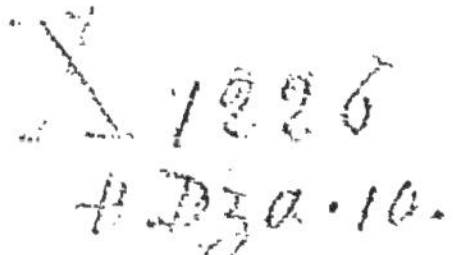

ÉLÉMENTS

DE LA

GRAMMAIRE

FRANÇAISE

TOURS

Ad MAME ET Cie, IMPRIMEURS-LIBRAIRES

ÉLÉMENTS

DE LA

GRAMMAIRE FRANÇAISE.

INTRODUCTION.

La Grammaire est l'art de parler et d'écrire correctement. Pour parler et pour écrire, on emploie des mots : les mots sont composés de lettres.

Il y a deux sortes de lettres : les *voyelles* et les *consonnes*.

Les voyelles sont : *a*, *e*, *i*, *o*, *u* et *y*. On les appelle *voyelles*, parce que, seules, elles forment une *voix*, un son.

Il y a trois sortes d'*e* : *e* muet, *é* fermé, *è* ouvert.

L'*e muet*, comme à la fin de ces mots, *homme*, *monde* : on l'appelle *muet*, parce que le son en est sourd et peu sensible.

L'*é fermé*, comme à la fin de ces mots, *bonté*, *café* : on l'appelle *fermé*, parce qu'il se prononce la bouche presque fermée.

L'*è ouvert*, comme à la fin de ces mots, *procès*, *accès*, *succès* : on l'appelle *ouvert*, parce que, pour bien le prononcer, il faut appuyer dessus et desserrer les dents.

L'*y* grec s'emploie le plus souvent pour deux *ii*, comme dans *pays*, *moyen*, *joyeux* : prononcez *pai-is*, *moi-ien*, *joi-ieux* (1).

Il y a dix-huit consonnes (2); savoir : *b*, *c*, *d*, *f*, *g*, *j*, *k*, *l*, *m*, *n*, *p*, *q*, *r*, *s*, *t*, *v*, *x*, *z*. Ces lettres s'ap-

(1) L'exception n'a lieu que dans les mots tirés du grec, comme *hymne*, *Hippolyte*, *pyramide*, etc. ; alors il se prononce comme l'*i* simple.

(2) Non compris la lettre *h*.

pellent *consonnes*, parce qu'elles ne forment un son qu'avec le secours des voyelles, comme *ba*, *be*, *bi*, *bo*, *bu*; *ca*, *ce*, *ci*, *co*, *cu*; *da*, *de*, *di*, *do*, *du*, etc.

La lettre *h* ne se prononce pas dans certains mots, *l'homme*; *l'honneur*, *l'histoire*, etc., qu'on prononce comme s'il y avait *l'omme*, *l'onneur*; *l'istoire*; alors on l'appelle *h muette*.

Mais dans les mots suivants, *la haine*, *le hameau*, *le héros*, la lettre *h* fait prononcer du gosier la voyelle qui suit; alors on l'appelle *h aspirée*: ainsi l'on écrit et l'on prononce séparément les deux mots *la haine*, et non pas *l'haine*; *les héros*, et non pas comme s'il y avait *les zhéros*.

Des voyelles longues et des brèves.

Les voyelles *longues* sont celles sur lesquelles on appuie plus longtemps que sur les autres en les prononçant.

Les voyelles *brèves* sont celles sur lesquelles on appuie moins longtemps.

Par exemple, *a* est long dans *pâte* pour faire du pain; il est bref dans *patte* d'animal.

e est long dans *tempête*, et bref dans *trompette*.

i est long dans *gîte*, et bref dans *petite*.

o est long dans *apôtre*, et bref dans *dévote*.

u est long dans *flûte*, et bref dans *butte*.

Pour marquer les différentes sortes d'*e* et les voyelles longues, on emploie trois petits signes que l'on appelle *accents*; savoir: l'accent aigu (´), qui se met sur les *é* fermés, *bonté*; l'accent grave (`), qui se met sur les *è* ouverts, *accès*; et l'accent circonflexe (^), qui se met sur la plupart des voyelles longues, *apôtre*.

Il y a en français dix sortes de mots, qu'on appelle les *parties du discours*; savoir: le *Nom*, l'*Article*, l'*Adjectif*, le *Pronom*, le *Verbe*, le *Participe*, la *Préposition*, l'*Adverbe*, la *Conjonction* et l'*Interjection*.

CHAPITRE PREMIER.

PREMIÈRE ESPÈCE DE MOTS.

Le Nom.

Le NOM est un mot qui sert à nommer une personne ou une chose, comme *Pierre*, *Paul*, *livre*, *chapeau*.

Il y a deux sortes de *noms*, le *nom commun* et le *nom propre*.

Le *nom commun* est celui qui convient à plusieurs personnes ou à plusieurs choses semblables : *homme*, *cheval*, *maison*, sont des *noms communs* ; car le nom *homme* convient à Pierre, à Paul, etc.

Le *nom propre* est celui qui ne convient qu'à une seule personne ou à une seule chose, comme *Adam*, *Ève*, *Paris*, *la Seine*, etc.

Dans les *noms* il faut considérer le *genre* et le *nombre*.

Il y a en français deux genres : le *masculin* et le *féminin*. Les noms d'hommes ou de mâles sont du *genre masculin*, comme un *père*, un *lion* : les noms de femmes ou de femelles sont du *genre féminin*, comme une *mère*, une *lionne*. Ensuite, par imitation, on a donné le genre masculin ou le genre féminin à des choses qui ne sont ni mâles ni femelles, comme un *livre*, une *table*, le *soleil*, la *lune*, etc.

Il y a deux nombres : le *singulier* et le *pluriel* : le singulier quand on parle d'une seule personne ou d'une seule chose, comme un *homme*, un *livre* ; le pluriel quand on parle de plusieurs personnes ou de plusieurs choses, comme *les hommes*, *les livres*.

Comment se forme le pluriel dans les noms.

RÈGLE GÉNÉRALE. Pour former le pluriel, ajoutez *s* à la fin du nom ; le *frère*, les *frères* ; la *sœur*, les *sœurs* ; le *livre*, les *livres* ; la *table*, les *tables*.

Première remarque. Les noms terminés au singulier par *s*, *x*, *z*, n'ajoutent rien au pluriel : le *fils*, les *fils* ; le *nez*, les *nez* ; la *voix*, les *voix*.

Deuxième remarque. Les noms terminés au singulier par *au*, *eu*, *où*, prennent *x* au pluriel : le *bateau*, les *bateaux* ; le *feu*, les *feux* ; le *caillou*, les *cailloux* (1).

Troisième remarque. La plupart des noms terminés au singulier par *al*, *ail*, font leur pluriel en *aux* : le *mal*, les *maux* ; le *cheval*, les *chevaux* ; le *travail*, les *travaux*. (Excepté *détails*, *éventails*, *portails*, *gouvernails*, *camails*, *épouvantails*.) *Aïeul*, *ciel*, *œil*, font au pluriel *aïeux*, *cieux*, *yeux*.

CHAPITRE II.

SECONDE ESPÈCE DE MOTS.

L'Article le, la, les.

L'ARTICLE est un petit mot que l'on met devant les noms communs, et qui en fait connaître le genre et le nombre.

Nous n'avons qu'un article, *le*, *la*, au singulier ; *les*, au pluriel. *Le* se met devant un nom masculin singulier, *le père* ; *la* se met devant un nom singulier féminin, *la mère* ; *les* se met devant tous les noms pluriels, soit masculins, soit féminins, *les mères*, *les pères*. Ainsi l'on connaît qu'un nom est du genre masculin quand on peut mettre *le* devant ce nom ; on connaît qu'un nom est du genre féminin quand on peut mettre *la*.

Il y a deux remarques à faire sur l'article.

Première remarque. On retranche *e* dans le mot *le*, on retranche *a* dans le mot *la*, quand le mot suivant commence par une voyelle ou une *h* muette.

---

(1) On dit et on écrit : le *clou*, les *clous* ; le *trou*, les *trous* ; un *œil bleu*, des *yeux bleus*, etc. Mais les exceptions s'apprennent par l'usage ; et dans un livre élémentaire, il serait déplacé de vouloir les indiquer toutes. Celles de la troisième remarque surtout sont très-difficiles et au-dessus de la portée des enfants.

Ainsi l'on dit *l'argent* pour *le argent* : *l'histoire* pour *la histoire* ; mais alors on met à la place de la lettre retranchée cette petite figure (') qu'on appelle *apostrophe*. (Voyez le chapitre XI, au mot *Apostrophe*, page 60.)

Deuxième remarque. Pour joindre un nom à un mot précédent, on met *de* ou *à* devant ce nom : *fruit de l'arbre* ; *utile à l'homme*.

Alors, au lieu de mettre *de le* devant un nom masculin singulier qui commence par une consonne, on met *du*.

Au lieu de *à le*, on met *au*.

Devant un nom pluriel, *de les* se change en *des* ; *à les* se change en *aux*.

EXEMPLES.

SINGULIER MASCULIN.

le Maître.
Maison *du* Maître, pour *de le* Maître.
Je plais *au* Maître, pour *à le* Maître.

PLURIEL MASCULIN.

les Maîtres.
Maison *des* Maîtres, pour *de les* Maîtres.
Je plais *aux* Maîtres, pour *à les* Maîtres.

PLURIEL FÉMININ.

les Maîtresses.
Maison *des* Maîtresses, pour *de les* Maîtresses.
Je plais *aux* Maîtresses, pour *à les* Maîtresses.

Au contraire, *de* et *à* devant *la* ne se changent jamais.

SINGULIER FÉMININ.

la Maîtresse.
de la Maîtresse.
à la Maîtresse.

CHAPITRE III.

TROISIÈME ESPÈCE DE MOTS.

L'Adjectif.

L'ADJECTIF est un mot que l'on ajoute au nom pour marquer la qualité d'une personne ou d'une chose, comme *bon* père, *bonne* mère, *beau* livre, *belle* image : ces mots, *bon*, *bonne*, *beau*, *belle*, sont des adjectifs joints aux noms *père*, *mère*, etc.

On connaît qu'un mot est adjectif quand on peut y joindre le mot *personne* ou *chose* : ainsi *habile*, *agréable*, sont des adjectifs, parce qu'on peut dire *personne habile*, *chose agréable*.

Les adjectifs ont les deux genres, *masculin* et *féminin*. Cette différence de genre se marque ordinairement par la dernière lettre.

Comment se forme le féminin dans les adjectifs.

Règle générale. Quand un adjectif ne finit point par un *e* muet, on y ajoute un *e* muet pour former le féminin : *prudent*, *prudente*; *saint*, *sainte*; *méchant*, *méchante*; *petit*, *petite*; *grand*, *grande*; *poli*, *polie* : *vrai*, *vraie*; *nu*, *nue* etc.

Exceptions. *Première exception.* Les adjectifs suivants, *cruel*, *pareil*, *fol*, *mol*, *ancien*, *bon*, *gras*, *gros*, *nul*, *net*, *sot*, *épais*, etc., doublent au féminin leur dernière consonne avec l'*e* muet, *cruelle*, *pareille*, *folle*, *molle*, *ancienne*, *bonne*, *grasse*, *grosse*, *nulle*, *nette*, *sotte*, *épaisse*, etc.

Beau et *nouveau* font au féminin *belle*, *nouvelle*, parce qu'au masculin on dit aussi *bel*, *nouvel*, devant une voyelle ou une *h* muette, *bel oiseau*, *bel homme*, *nouvel appartement*.

Deuxième exception. *Blanc*, *franc*, *sec*, *frais*, font au féminin *blanche*, *franche*, *sèche*, *fraîche*.

Public, *caduc*, font *publique*, *caduque*.

Troisième exception. Les adjectifs *bref*, *naïf*, font au féminin *brève*, *naïve*, en changeant *f* en *v*; *long* fait *longue*.

Quatrième exception. *Malin*, *bénin*, font *maligne*, *bénigne*.

Cinquième exception. Les adjectifs en *eur* font ordinairement leur féminin en *euse* : *trompeur*, *trompeuse*; *parleur*, *parleuse*; *chanteur*, *chanteuse* : cependant *pécheur* fait *pécheresse*; *acteur* fait *actrice*; *protecteur* fait *protectrice*.

Sixième exception. Les adjectifs terminés en *x* changent l'*x* en *se* : *dangereux*, *dangereuse*; *honteux*, *honteuse*; *jaloux*, *jalouse*, etc. Cependant *doux* fait *douce*; *roux* fait *rousse*.

Comment se forme le pluriel dans les adjectifs.

Le pluriel dans les adjectifs se forme comme dans les noms, en ajoutant *s* à la fin : *bon*, *bonne*, au pluriel *bons*, *bonnes*.

Mais la plupart des adjectifs qui finissent par *al* n'ont pas de pluriel masculin, comme *filial*, *fatal*, *frugal*, *pascal*, *pastoral*, *naval*, *trivial*, *vénal*, *littéral*, *conjugal*, *austral*, *boréal*, *final*.

ACCORD DES ADJECTIFS AVEC LES NOMS.

RÈGLE. Tout adjectif doit être du même genre et du même nombre que le nom auquel il se rapporte.

EXEMPLE. *Le bon père*, *la bonne mère*: *bon* est du masculin et au singulier parce que *père* est du masculin et du singulier; *bonne* est du féminin et au singulier parce que *mère* est du féminin et au singulier.

De beaux jardins, *de belles fleurs*: *beaux* est du masculin et au pluriel parce que *jardins* est du masculin et au pluriel.

Quand un adjectif se rapporte à deux noms singuliers, on met cet adjectif au pluriel, parce que deux singuliers valent un pluriel.

EXEMPLE. *Le roi et le berger sont égaux après la mort* (et non pas *égal*).

Si les deux noms sont de différents genres, on met l'adjectif au masculin.

EXEMPLE. *Mon père et ma mère sont contents* (et non pas *contentes*).

Quant à la place des adjectifs, il y en a qui se mettent devant le nom, comme *beau* jardin, *grand* arbre, etc. D'autres se mettent après le nom, comme *habit* rouge, *table* ronde, etc. L'usage est le seul guide à cet égard.

(1) RÉGIME DES ADJECTIFS.

RÈGLE. Pour joindre un nom à un adjectif précédent, on met *de* ou *à* entre cet adjectif et le nom: alors on appelle ce nom le *régime* de l'adjectif.

---

(1) La manière d'accorder un mot avec un autre mot, ou de faire régir un mot par un autre mot, s'appelle la *syntaxe*: ainsi la syntaxe est la manière de joindre les mots ensemble. Il y a deux sortes de syntaxes: la *syntaxe d'accord*, par laquelle on fait accorder deux mots en genre, en nombre, etc. La *syntaxe de régime*, par laquelle un mot régit *de* ou *à* devant un autre mot.

EXEMPLE. *Digne de récompense, content de son sort, utile à l'homme, semblable à son père, propre à la guerre. Récompense* est le régime de l'adjectif *digne*, parce qu'il est joint à cet adjectif par le mot *de*. *L'homme* est le régime de l'adjectif *utile*, parce qu'il est joint à cet adjectif par le mot *à*.

Degrés de signification dans les adjectifs.

On distingue dans les adjectifs trois degrés de signification, le *positif*, le *comparatif* et le *superlatif*.

Le *positif* n'est autre chose que l'adjectif même, comme *beau*, *belle*, *agréable*.

Le *comparatif*, c'est l'adjectif avec comparaison : quand on compare deux choses, on trouve que l'une est ou supérieure à l'autre, ou inférieure à l'autre, ou égale à l'autre.

Pour marquer un comparatif *de supériorité*, on met *plus* devant l'adjectif, comme *la rose est* plus *belle que la violette*.

Pour marquer le comparatif *d'infériorité*, l'on met *moins* ou *ne... pas si* devant l'adjectif, comme *la violette est* moins *belle* ou *n'est* pas si *belle que la rose*.

Pour marquer un comparatif *d'égalité*, on met *aussi* devant l'adjectif, comme *la rose est* aussi *belle que la tulipe*.

Le mot *que* sert à joindre les deux choses que l'on compare.

Nous avons trois adjectifs qui expriment seuls une comparaison : *meilleur*, au lieu de *plus bon*, qui ne se dit pas ; *moindre*, au lieu de *plus petit* ; *pire*, au lieu de *plus mauvais* : comme, *la vertu est* meilleure *que la science*, *le mensonge est* pire *que l'indocilité*.

L'adjectif est au *superlatif* quand il exprime la qualité dans un très-haut degré, ou dans le plus haut degré. Pour former le superlatif, on met *très*, ou *le plus*, devant l'adjectif, comme *Paris est une* très *belle ville* ; et alors le superlatif s'appelle *absolu* ; ou *Paris est* la plus *belle des villes* ; et ce superlatif s'appelle *relatif*, parce qu'il marque un rapport aux autres villes.

Noms et Adjectifs de nombre.

Les noms de nombre sont ceux dont on se sert pour compter.

Il y en a de deux sortes : les noms de nombre *cardinaux*, et les noms de nombre *ordinaux*.

Les noms de nombre *cardinaux* sont : *un*, *deux*, *trois*, *quatre*, *cinq*, *six*, *sept*, *huit*, *neuf*, *dix*, *onze*, *douze*, *treize*, *quatorze*, *quinze*, *seize*, *dix-sept*, *dix-huit*, *dix-neuf*, *vingt*, *trente*, *quarante*, *cinquante*, *soixante*, *quatre-vingts*, *cent*, *mille*, etc.

Les noms de nombre *ordinaux* se forment des cardinaux. Ces noms sont : *unième (vingt-unième)*, *deuxième*, *troisième*, *quatrième*, *cinquième*, *sixième*. *septième*, *huitième*, *neuvième*, *dixième*, etc.

Il y a encore des noms de nombre qui servent à marquer une certaine quantité, comme une *dizaine*, une *douzaine*, etc.

Il y en a d'autres qui marquent les parties d'un tout, comme la *moitié*, le *tiers*, le *quart*, etc.

Enfin, il y en a qui servent à multiplier, comme le *double*, le *triple*, etc.

CHAPITRE IV.

QUATRIÈME ESPÈCE DE MOTS.

Du Pronom.

Le PRONOM est un mot qui tient la place du nom. On distingue plusieurs sortes de *pronoms*.

PRONOMS PERSONNELS.

Les *pronoms personnels* sont ceux qui désignent les personnes.

Il y a trois personnes : *la première* est celle qui

parle; *la seconde* est celle à qui l'on parle; *la troisième* est celle de qui l'on parle.

Pronom de la première personne.

Ce pronom est des deux genres: masculin, si c'est un homme qui parle; féminin, si c'est une femme.

SINGULIER. *Je* ou *moi*.

Me se dit pour *à moi*, *moi*.

EXEMPLES. *Le maître* me *donnera un livre*, c'est-à-dire *donnera* à moi. *Le maître* me *regarde*, c'est-à-dire *regarde moi*.

PLURIEL. *Nous*.

Pronom de la seconde personne.

Il est aussi des deux genres: masculin, si c'est à un homme qu'on parle; féminin, si c'est à une femme.

SINGULIER. *Tu* ou *toi*.

Te se dit pour *à toi*, *toi*.

EXEMPLES. *Le maître* te *donnera un livre*, c'est-à-dire *donnera* à toi. *Le maître* te *regarde*, c'est-à-dire *regarde* toi.

PLURIEL. *Vous*.

Remarque. Par politesse on dit *vous* au lieu de *tu* au singulier; par exemple en parlant à un enfant: *vous* êtes bien aimable.

Pronom de la troisième personne.

SINGULIER. *Il*, masculin; *Elle*, féminin.

Lui, des deux genres, se dit pour *à lui*, *à elle*.

EXEMPLE. *Je* lui *dois le respect*, c'est-à-dire *je dois* à lui, à elle.

Le, masculin; *La*, féminin.

EXEMPLES. *Je* le *connais*, c'est-à-dire *je connais* lui. *Je* la *connais*, c'est-à-dire *je connais* elle.

PLURIEL. *Ils*, masculin; *Elles*, féminin.

Leur, des deux genres, se dit pour *à eux*, *à elles*.

EXEMPLE. *Je* leur *dois le respect*, c'est-à-dire *je dois* à eux, à elles.

Les, aussi des deux genres, pour *eux*, *elles*.

EXEMPLE. *Je* les *connais*, c'est-à-dire *je connais* eux, elles.

Il y a encore un pronom de la troisième personne, *soi*, *se*; il est des deux genres et des deux nombres.

On l'appelle *pronom réfléchi*, parce qu'il marque le rapport d'une personne à elle-même.

Se, se met pour *à soi*, *soi*.

EXEMPLES. *Il, elle* se *donne des louanges*, c'est-à-dire *il, elle donne* à soi. *Il, elle* se *flatte*, c'est-à-dire *il, elle flatte* soi.

Il y a deux mots qui servent de pronoms; savoir :

1° *En*, qui signifie *de lui*, *d'elle*, *d'eux*, *d'elles*; ainsi quand on dit : *j'en parle*, on peut entendre, *je parle* de lui, d'elle, etc., selon la personne ou la chose dont le nom a été exprimé auparavant.

2° *Y*, qui signifie *à cette chose*, *à ces choses*, comme quand on dit: *je m'y applique*, c'est-à-dire *je m'applique* à cette chose, à ces choses.

Règle des Pronoms.

Les pronoms, *il*, *elle*, *ils*, *elles*, doivent toujours être du même genre et dumême nombre que le nom dont ils tiennent la place: ainsi, en parlant de la tête, dites: elle *me fait mal*; *elle*, parce que ce pronom se rapporte à *tête*, qui est du féminin et du singulier; et en parlant de plusieurs jardins, dites: ils *sont beaux*; *ils*, parce que ce pronom se rapporte à *jardins*, qui est du masculin et au pluriel.

PRONOMS ADJECTIFS.

1° Il y a des *pronoms adjectifs* qui marquent la possession, comme *mon* livre, *votre* cheval, *son* chapeau; c'est-à-dire le livre *qui est à moi*, le cheval *qui est à vous*, le chapeau *qui est à lui*.

SINGULIER.		PLURIEL.
Masculin.	*Féminin.*	*Des deux genres.*
Mon.	Ma.	Mes.
Ton.	Ta.	Tes.
Son.	Sa.	Ses.
Notre.	Notre.	Nos.
Votre.	Votre.	Vos.
Leur.	Leur.	Leurs.

Première remarque. Ces pronoms sont toujours joints à un nom: *mon* livre, *ton* chapeau.

Deuxième remarque. *Mon, ton, son,* s'emploient au féminin devant une voyelle ou une *h* muette ; on dit *mon* âme pour *ma* âme, *ton* humeur pour *ta* humeur, *son* épée pour *sa* épée.

Autre Pronom.

SINGULIER.		PLURIEL.	
Masculin.	*Féminin.*	*Masculin.*	*Féminin.*
Le mien.	La mienne.	Les miens.	Les miennes.
Le tien.	La tienne.	Les tiens.	Les tiennes.
Le sien.	La sienne.	Les siens.	Les siennes.
		Des deux genres.	
Le nôtre.	La nôtre.	Les nôtres.	
Le vôtre.	La vôtre.	Les vôtres.	
Le leur.	La leur.	Les leurs.	

2° Il y a des *pronoms relatifs* qui servent à montrer la chose dont on parle, comme quand je dis : *ce* livre, *cette* table, je montre un *livre*, une *table.*

SINGULIER.		PLURIEL.	
Masculin.	*Féminin.*	*Masculin.*	*Féminin.*
Ce, cet.	Cette.	Ces	Ces.
Celui.	Celle.	Ceux.	Celles.
Celui-ci.	Celle-ci.	Ceux-ci.	Celles-ci.
Celui-là.	Celle-là.	Ceux-là.	Celles-là.
Ceci.			
Cela.			

Remarque. On met *ce* devant les noms qui commencent par une consonne ou une *h* aspirée : *ce* village, *ce* hameau : on met *cet* devant une voyelle ou une *h* muette, *cet* oiseau, *cet* homme.

Celui-ci, *celle-ci*, s'emploient pour montrer des choses qui sont proches ; *celui-là*, *celle-là*, pour montrer des choses éloignées.

3° Il y a des *pronoms relatifs*, c'est-à-dire qui ont rapport à un nom qui est devant, comme quand je dis : *Dieu* qui *a créé le monde*, *qui* se rapporte à *Dieu*, *le livre* que *je lis*, *que* se rapporte à *livre*. Le mot auquel *qui* ou *que* se rapporte s'appelle *antécédent.* Dans les deux exemples ci-dessus, *Dieu* est l'antécédent du *pronom relatif* qui ; *livre* est l'antécédent du *pronom relatif* que.

REMARQUE. Les pronoms relatifs *qui, dont* ou *de qui, que,* sont des deux genres et des deux nombres.

Règle du Qui *ou* Que *relatif.*

Qui, que relatif, s'accorde avec son antécédent en *genre*, en *nombre* et en *personne* : ainsi dans cet exemple: *l'enfant* qui *joue*, *qui* est du singulier et de la troisième personne, parce que *l'enfant* est du singulier et de la troisième personne ; il est du *masculin*, si c'est un petit garçon qui joue ; il est du *féminin*, si c'est une petite fille.

4° Il y a des *pronoms interrogatifs : qui? quel? quelle?* comme quand on dit: qui *a fait cela ?* que *vous dirai-je? Qui* ou *que* est interrogatif quand il n'a point d'antécédent, et qu'on peut le tourner par *quelle personne* ou *quelle chose?* Dans les deux exemples ci-dessus, on peut dire : *quelle personne* a fait cela ; *quelle chose* vous dirai-je.

PRONOMS INDÉFINIS, *c'est-à-dire qui signifient d'une manière générale.*

Il y a quatre sortes de *pronoms indéfinis.*

1° Ceux qui ne se joignent jamais à un nom, comme *on*, *quelqu'un*, *quelqu'une*, *quiconque*, *chacun*, *chacune*, *autrui*, *personne*, *rien*. Quand je dis : on *frappe à la porte*, quelqu'un *vous appelle*, je parle d'une personne; mais je ne désigne pas quelle elle est.

2° Ceux qui sont toujours joints à un nom, comme *quelque*, *chaque*, *quelconque*, *certain*, *certaine;* exemple: *quelque* nouvelle, *certain* auteur.

3° Ceux qui sont tantôt joints à un nom et tantôt seuls, comme *nul*, *nulle ; aucun*, *aucune ; l'un*, *l'autre; même ; tel*, *telle; plusieurs ; tout*, *toute.*

4° Ceux qui sont suivis de *que*, comme *qui* que ce soit, *quoi* que ce soit. *Quel*, *quelle* que; par exemple : *Quel* que soit votre mérite, *quelle* que soit votre fortune. *Quoi* que; par exemple: *quoi* que vous fassiez. *Quelque*... que; par exemple: *quelques* richesses *que* vous ayez. *Tout*... que, *toute*... que; par exemple : *tout* savant *que* vous êtes, la campagne *toute* belle *qu*'elle est.

CHAPITRE V.

CINQUIÈME ESPÈCE DE MOTS.

Le Verbe.

Le VERBE est un mot dont on se sert pour exprimer que l'on est, ou que l'on fait quelque chose : ainsi le mot *être*, *je suis*, est un verbe ; le mot *lire*, *je lis*, est un verbe.

On connaît un verbe français, quand on peut y ajouter ces pronoms, *je*, *tu*, *il*, *nous*, *vous*, *ils*, comme *je lis*, tu *lis*, il *lit*, nous *lisons*, vous *lisez*, ils *lisent*.

Les pronoms *je*, *nous*, marquent la première personne, c'est-à-dire celle qui parle ; *tu*, *vous*, marquent la seconde personne, c'est-à-dire celle à qui l'on parle ; *il*, *elle*, *ils*, *elles*, et tout nom placé devant un verbe, marquent la troisième personne, celle de qui l'on parle.

Il y a dans les verbes deux nombres, le *singulier*, quand on parle d'une seule personne, comme *je lis*, *l'enfant dort* ; le *pluriel*, quand on parle de plusieurs personnes, comme *nous lisons*, *les enfants dorment.*

Il y a trois temps, le *présent*, qui marque que la chose est ou se fait actuellement, comme *je lis* ; le *passé* ou *prétérit*, qui marque que la chose a été faite, comme *j'ai lu* ; le *futur*, qui marque que la chose sera ou se fera, comme *je lirai*.

On distingue plusieurs sortes de *prétérits* ou *passés*, savoir : un *imparfait*, *je lisais* ; trois *parfaits*, *je lus*, *j'ai lu*, *j'eus lu* ; et un *plus-que-parfait*, *j'avais lu*.

On distingue aussi deux *futurs*, le *futur simple*, *je lirai* ; et le *futur passé*, *j'aurai lu*.

Il y a cinq modes ou manières de signifier dans les verbes français :

1° L'*indicatif*, quand on affirme que la chose est, ou qu'elle a été, ou qu'elle sera.

2° Le *conditionnel*, quand on dit qu'une chose serait, ou qu'elle aurait été moyennant une condition.

3° L'*impératif*, quand on commande de la faire.

4° Le *subjonctif*, quand on souhaite, ou qu'on doute qu'elle se fasse.

5° L'*infinitif*, qui exprime l'action ou l'état en général, sans nombres, ni personnes, comme *lire*, *être*.

Réciter de suite les différents modes d'un verbe avec tous leurs temps, leurs nombres et leurs personnes, cela s'appelle *conjuguer*.

Il y a en français quatre conjugaisons différentes, que l'on distingue par la terminaison de l'infinitif.

La première conjugaison a l'infinitif terminé en *er*, comme *aimer*.

La seconde a l'infinitif terminé en *ir*, comme *finir*.

La troisième a l'infinitif terminé en *oir*, comme *recevoir*.

La quatrième a l'infinitif terminé en *re*, comme *rendre*.

On distingue plusieurs sortes de *verbes*: l'*actif*, le *passif*, le *neutre*, le *réfléchi*, et l'*impersonnel*.

Il y a deux verbes que l'on nomme *auxiliaires*; parce qu'ils aident à conjuguer tous les autres: nous commencerons par ces deux verbes.

VERBE AUXILIAIRE *AVOIR*.

INDICATIF.

PRÉSENT.	IMPARFAIT.
Sing. J'ai.	J'avais.
Tu as (1).	Tu avais
Il *ou* elle a.	Il *ou* elle avait.
Plur. Nous avons.	Nous avions.
Vous avez.	Vous aviez.
Ils *ou* elles ont.	Ils *ou* elles avaient.

---

(1) Toutes les secondes personnes du singulier ont un *s* à la fin, excepté celle de l'impératif des verbes de la première conjugaison, et de quelques-uns de la seconde.

PRÉTÉRIT DÉFINI (1).

J'eus.
Tu eus.
Il eut.
Nous eûmes.
Vous eûtes.
Ils eurent.

PRÉTÉRIT INDÉFINI.

J'ai eu.
Tu as eu.
Il a eu.
Nous avons eu.
Vous avez eu.
Ils ont eu.

PRÉTÉRIT ANTÉRIEUR.

J'eus eu.
Tu eus eu.
Il eut eu.
Nous eûmes eu.
Vous eûtes eu.
Ils eurent eu.

PLUS-QUE-PARFAIT.

J'avais eu.
Tu avais eu.
Il avait eu.
Nous avions eu.
Vous aviez eu.
Ils avaient eu.

FUTUR.

J'aurai.
Tu auras.
Il aura.
Nous aurons.
Vous aurez.
Ils auront.

FUTUR PASSÉ.

J'aurai eu.
Tu auras eu.
Il aura eu.
Nous aurons eu.
Vous aurez eu.
Ils auront eu.

CONDITIONNEL.

PRÉSENT.

J'aurais.
Tu aurais.
Il aurait.
Nous aurions.
Vous auriez.
Ils auraient.

PASSÉ.

J'aurais eu.
Tu aurais eu.
Il aurait eu.
Nous aurions eu.
Vous auriez eu.
Ils auraient eu.

On dit aussi : *j'eusse eu*, *tu eusses eu*, *il eût eu*, *nous eussions eu*, *vous eussiez eu*, *ils eussent eu.*

IMPÉRATIF.

Point de première personne.

Aie *ou* aye.
Qu'il ait.
Ayons.
Ayez.
Qu'ils aient *ou* ayent.

SUBJONCTIF.

PRÉSENT OU FUTUR.

Que j'aie.
Que tu aies.
Qu'il ait.
Que nous ayons.
Que vous ayez.
Qu'ils aient.

IMPARFAIT.

Que j'eusse.
Que tu eusses.
Qu'il eût.
Que nous eussions.
Que vous eussiez.
Qu'ils eussent.

---

(1) On appelle prétérit *défini* celui qui marque un temps entièrement passé. Exemple: *J'eus hier la fièvre.* On appelle prétérit *indéfini* celui qui marque un temps dont il peut rester encore quelque partie à s'écouler. Exemple : *J'ai eu la fièvre aujourd'hui.* On appelle prétérit *antérieur* celui qui marque une chose faite avant une autre. Exemple: *Dès que nous eûmes vu la fête nous partîmes.*

PRÉTÉRIT.

Que j'aie eu.
Que tu aies eu.
Qu'il ait eu.
Que nous ayons eu.
Que vous ayez eu.
Qu'ils aient eu.

PLUS-QUE-PARFAIT.

Que j'eusse eu.
Que tu eusses eu.
Qu'il eût eu.
Que nous eussions eu.
Que vous eussiez eu.
Qu'ils eussent eu.

INFINITIF.

PRÉSENT.

Avoir.

PRÉTÉRIT.

Avoir eu

PARTICIPES.

PRÉSENT.

Ayant.

PASSÉ.

Eu, eue, ayant eu.

FUTUR.

Devant avoir.

VERBE AUXILIAIRE *ÊTRE*.

INDICATIF.

PRÉSENT.

Je suis.
Tu es.
Il est.
Nous sommes.
Vous êtes.
Ils *ou* elles sont.

IMPARFAIT.

J'étais.
Tu étais.
Il *ou* elle était.
Nous étions.
Vous étiez.
Ils *ou* elles étaient.

PRÉTÉRIT DÉFINI.

Je fus.
Tu fus.
Il fut.
Nous fûmes.
Vous fûtes.
Ils furent.

PRÉTÉRIT INDÉFINI.

J'ai été.
Tu as été.
Il a été.
Nous avons été.
Vous avez été.
Ils ont été

PRÉTÉRIT ANTÉRIEUR.

J'eus été.
Tu eus été.
Il eut été.
Nous eûmes été.
Vous eûtes été.
Ils eurent été.

PLUS-QUE-PARFAIT.

J'avais été.
Tu avais été.
Il avait été.
Nous avions été.
Vous aviez été.
Ils avaient été.

FUTUR.

Je serai.
Tu seras.
Il sera.
Nous serons.
Vous serez.
Ils seront.

FUTUR PASSÉ.

J'aurai été.
Tu auras été.
Il aura été.
Nous aurons été.
Vous aurez été.
Ils auront été.

CONDITIONNEL

PRÉSENT.

Je serais.
Tu serais.
Il serait.
Nous serions.
Vous seriez.
Ils seraient.

PASSÉ.

J'aurais été.
Tu aurais été.
Il aurait été.
Nous aurions été.
Vous auriez été.
Ils auraient été.

On dit aussi : *J'eusse été, tu eusses été, il eût été, nous eussions été, vous eussiez été, ils eussent été.*

IMPÉRATIF.

Point de première personne.

Sois.
Qu'il soit.
Soyons.
Soyez.
Qu'ils soient.

SUBJONCTIF.

PRÉSENT *ou* FUTUR.

Que je sois.
Que tu sois.
Qu'il soit.
Que nous soyons.
Que vous soyez.
Qu'ils soient.

IMPARFAIT.

Que je fusse.
Que tu fusses.
Qu'il fût.
Que nous fussions.
Que vous fussiez.
Qu'ils fussent.

PRÉTÉRIT.

Que j'aie été.
Que tu aies été.
Qu'il ait été.
Que nous ayons été.
Que vous ayez été.
Qu'ils aient été.

PLUS-QUE-PARFAIT.

Que j'eusse été.
Que tu eusses été.
Qu'il eût été.
Que nous eussions été.
Que vous eussiez été.
Qu'ils eussent été.

INFINITIF.

PRÉSENT.

Être.

PRÉTÉRIT.

Avoir été.

PARTICIPES.

PRÉSENT.

Étant.

PASSÉ.

Été, ayant été.

FUTUR.

Devant être.

PREMIÈRE CONJUGAISON,

En ER.

INDICATIF.

PRÉSENT.

J'aime.
Tu aimes.
Il *ou* elle aime.
Nous aimons.
Vous aimez.
Ils *ou* elles aiment.

IMPARFAIT.

J'aimais.
Tu aimais.
Il *ou* elle aimait.
Nous aimions.
Vous aimiez.
Ils *ou* elles aimaient.

PRÉTÉRIT DÉFINI.

J'aimai.
Tu aimas.
Il aima.
Nous aimâmes.
Vous aimâtes.
Ils aimèrent.

PRÉTÉRIT INDÉFINI.

J'ai aimé.
Tu as aimé.
Il a aimé.
Nous avons aimé.
Vous avez aimé.
Ils ont aimé.

PRÉTÉRIT ANTÉRIEUR.

J'eus aimé.
Tu eus aimé.
Il eut aimé.
Nous eûmes aimé.
Vous eûtes aimé.
Ils eurent aimé (1).

PLUS-QUE-PARFAIT.

J'avais aimé.
Tu avais aimé.
Il avait aimé.
Nous avions aimé.
Vous aviez aimé.
Ils avaient aimé.

FUTUR.

J'aimerai.
Tu aimeras.
Il aimera.
Nous aimerons.
Vous aimerez.
Ils aimeront.

FUTUR PASSÉ.

J'aurai aimé.
Tu auras aimé.
Il aura aimé.
Nous aurons aimé.
Vous aurez aimé.
Ils auront aimé.

CONDITIONNEL.

PRÉSENT.

J'aimerais.
Tu aimerais.
Il aimerait.
Nous aimerions.
Vous aimeriez.
Ils aimeraient.

PASSÉ.

J'aurais aimé.
Tu aurais aimé.
Il aurait aimé.
Nous aurions aimé.
Vous auriez aimé.
Ils auraient aimé.

On dit aussi : *J'eusse aimé, tu eusses aimé, il eût aimé; nous eussions aimé, vous eussiez aimé, ils eussent aimé.*

IMPÉRATIF.

Point de première personne.

Aime.
Qu'il aime.
Aimons.
Aimez.
Qu'ils aiment.

SUBJONCTIF.

PRÉSENT *ou* FUTUR.

Que j'aime.
Que tu aimes.
Qu'il aime.
Que nous aimions.
Que vous aimiez.
Qu'ils aiment.

IMPARFAIT.

Que j'aimasse.
Que tu aimasses.
Qu'il aimât.
Que nous aimassions.
Que vous aimassiez.
Qu'ils aimassent.

PRÉTÉRIT.

Que j'aie aimé.
Que tu aies aimé.
Qu'il ait aimé.
Que nous ayons aimé.
Que vous ayez aimé.
Qu'ils aient aimé.

PLUS-QUE-PARFAIT.

Que j'eusse aimé.
Que tu eusses aimé.
Qu'il eût aimé.
Que nous eussions aimé.
Que vous eussiez aimé.
Qu'ils eussent aimé.

INFINITIF.

PRÉSENT.

Aimer.

PASSÉ.

Avoir aimé.

(1) Il y a un quatrième prétérit dont on se sert rarement : le voici : *J'ai eu aimé, tu as eu aimé, il a eu aimé, nous avons eu aimé, vous avez eu aimé, ils ont eu aimé.*

PARTICIPES.

PRÉSENT.

Aimant.

PASSÉ.

Aimé, aimée, ayant aimé.

FUTUR.

Devant aimer.

Ainsi se conjuguent les verbes *chanter*, *danser*, *manger*, *appeler*, et tous ceux dont l'infinitif se termine en *er*.

SECONDE CONJUGAISON,

En IR.

INDICATIF.

PRÉSENT.

Je finis.
Tu finis.
Il finit.
Nous finissons.
Vous finissez.
Ils finissent.

IMPARFAIT.

Je finissais.
Tu finissais.
Il finissait.
Nous finissions.
Vous finissiez.
Ils finissaient.

PRÉTÉRIT DÉFINI.

Je finis.
Tu finis.
Il finit.
Nous finîmes.
Vous finîtes.
Ils finirent.

PRÉTÉRIT INDÉFINI.

J'ai fini.
Tu as fini.
Il a fini.
Nous avons fini.
Vous avez fini.
Ils ont fini.

PRÉTÉRIT ANTÉRIEUR.

J'eus fini.
Tu eus fini.
Il eut fini.
Nous eûmes fini (1).
Vous eûtes fini.
Ils eurent fini.

PLUS-QUE-PARFAIT.

J'avais fini.
Tu avais fini.
Il avait fini.
Nous avions fini.
Vous aviez fini.
Ils avaient fini.

FUTUR.

Je finirai.
Tu finiras.
Il finira.
Nous finirons.
Vous finirez.
Ils finiront.

FUTUR PASSÉ.

J'aurai fini.
Tu auras fini.
Il aura fini.
Nous aurons fini.
Vous aurez fini.
Ils auront fini.

CONDITIONNEL.

PRÉSENT.

Je finirais.
Tu finirais.
Il finirait.
Nous finirions.
Vous finiriez.
Ils finiraient.

---

(1) Il y a un quatrième prétérit, mais on s'en sert rarement; le voici : *J'ai eu fini, tu as eu fini, il a eu fini, nous avons eu fini, vous avez eu fini, ils ont eu fini.*

PASSÉ.

J'aurais fini.
Tu aurais fini.
Il aurait fini.
Nous aurions fini.
Vous auriez fini.
Ils auraient fini.

On dit aussi : *J'eusse fini, tu eusses fini, il eût fini, nous eussions fini, vous eussiez fini, ils eussent fini.*

IMPÉRATIF.

Point de première personne.
Finis.
Qu'il finisse.
Finissons.
Finissez.
Qu'ils finissent.

SUBJONCTIF.

PRÉSENT *ou* FUTUR.

Que je finisse.
Que tu finisses.
Qu'il finisse.
Que nous finissions.
Que vous finissiez.
Qu'ils finissent.

IMPARFAIT.

Que je finisse.
Que tu finisses.
Qu'il finit.
Que nous finissions.
Que vous finissiez.
Qu'ils finissent.

PRÉTÉRIT.

Que j'aie fini.
Que tu aies fini.
Qu'il ait fini.
Que nous ayons fini.
Que vous ayez fini.
Qu'ils aient fini.

PLUS-QUE-PARFAIT.

Que j'eusse fini.
Que tu eusses fini.
Qu'il eût fini.
Que nous eussions fini.
Que vous eussiez fini.
Qu'ils eussent fini.

INFINITIF.

PRÉSENT.

Finir.

PRÉTÉRIT.

Avoir fini.

PARTICIPES.

PRÉSENT.

Finissant.

PASSÉ.

Fini, finie, ayant fini.

FUTUR.

Devant finir.

Ainsi se conjuguent *avertir, guérir, ensevelir, bénir;* mais ce dernier a deux participes: *bénit, bénite*, pour les choses consacrées par les prières des prêtres: *béni, bénie*, partout ailleurs. *Hair*, mais ce verbe fait au présent de l'indicatif, je *hais*, tu *hais*, il *hait ;* on prononce je *hès*, tu *hès*, il *hèt*.

TROISIEME CONJUGAISON,

En OIR.

INDICATIF.

PRÉSENT.

Je reçois.
Tu reçois.
Il reçoit.
Nous recevons.
Vous recevez.
Ils reçoivent.

IMPARFAIT.

Je recevais.
Tu recevais.
Il recevait.
Nous recevions.
Vous receviez.
Ils recevaient.

PRÉTÉRIT DÉFINI.

Je reçus.
Tu reçus.
Il reçut.
Nous reçûmes.
Vous reçûtes.
Ils reçurent.

PRÉTÉRIT INDÉFINI

J'ai reçu.
Tu as reçu.
Il a reçu.
Nous avons reçu.
Vous avez reçu
Ils ont reçu.

PRÉTÉRIT ANTÉRIEUR.

J'eus reçu.
Tu eus reçu.
Il eut reçu.
Nous eûmes reçu.
Vous eûtes reçu.
Ils eurent reçu (1).

PLUS-QUE-PARFAIT.

J'avais reçu.
Tu avais reçu.
Il avait reçu.
Nous avions reçu.
Vous aviez reçu
Ils avaient reçu.

FUTUR.

Je recevrai.
Tu recevras.
Il recevra.
Nous recevrons.
Vous recevrez.
Ils recevront.

FUTUR PASSÉ.

J'aurai reçu.
Tu auras reçu.
Il aura reçu.
Nous aurons reçu.
Vous aurez reçu.
Ils auront reçu.

CONDITIONNEL.

PRÉSENT.

Je recevrais.
Tu recevrais.
Il recevrait.
Nous recevrions.
Vous recevriez.
Ils recevraient.

PASSÉ.

J'aurais reçu.
Tu aurais reçu.
Il aurait reçu.
Nous aurions reçu.
Vous auriez reçu.
Ils auraient reçu.

On dit aussi : *J'eusse reçu, tu eusses reçu, il eût reçu, nous eussions reçu, vous eussiez reçu, ils eussent reçu.*

IMPÉRATIF.

Point de première personne.

Reçois.
Qu'il reçoive.
Recevons.
Recevez.
Qu'ils reçoivent.

SUBJONCTIF.

PRÉSENT *ou* FUTUR.

Que je reçoive.
Que tu reçoives.
Qu'il reçoive.
Que nous recevions.
Que vous receviez.
Qu'ils reçoivent.

IMPARFAIT.

Que je reçusse.
Que tu reçusses.
Qu'il reçût.
Que nous reçussions.
Que vous reçussiez.
Qu'ils reçussent.

(1) Il y a un quatrième prétérit, mais on s'en sert rarement ; le voici : *J'ai eu reçu, tu as eu reçu, il a eu reçu, nous avons eu reçu, vous avez eu reçu, ils ont eu reçu.*

PRÉTÉRIT.

Que j'aie reçu,
Que tu aies reçu.
Qu'il ait reçu.
Que nous ayons reçu.
Que vous ayez reçu.
Qu'ils aient reçu.

PLUS-QUE-PARFAIT.

Que j'eusse reçu.
Que tu eusses reçu.
Qu'il eût reçu.
Que nous eussions reçu.
Que vous eussiez reçu.
Qu'ils eussent reçu.

INFINITIF.

PRÉSENT.

Recevoir.

PRÉTÉRIT.

Avoir reçu.

PARTICIPES.

PRÉSENT.

Recevant.

PASSÉ.

Reçu, reçue, ayant reçu.

FUTUR.

Devant recevoir.

Ainsi se conjuguent *apercevoir*, *concevoir*, *devoir*, *percevoir*.

QUATRIÈME CONJUGAISON,

En RE

INDICATIF.

PRÉSENT.

Je rends.
Tu rends.
Il rend.
Nous rendons.
Vous rendez.
Ils rendent.

IMPARFAIT.

Je rendais.
Tu rendais.
Il rendait.
Nous rendions.
Vous rendiez.
Ils rendaient.

PRÉTÉRIT DÉFINI.

Je rendis.
Tu rendis.
Il rendit.
Nous rendîmes.
Vous rendîtes.
Ils rendirent.

PRÉTÉRIT INDÉFINI.

J'ai rendu.
Tu as rendu.
Il a rendu.
Nous avons rendu.
Vous avez rendu.
Ils ont rendu.

PRÉTÉRIT ANTÉRIEUR.

J'eus rendu.
Tu eus rendu.
Il eut rendu.
Nous eûmes rendu.
Vous eûtes rendu.
Ils eurent rendu (1).

PLUS-QUE-PARFAIT.

J'avais rendu.
Tu avais rendu.
Il avait rendu.
Nous avions rendu.
Vous aviez rendu.
Ils avaient rendu.

---

(1) Il y a un quatrième prétérit, mais on s'en sert rarement; le voici : *J'ai eu rendu*, *tu as eu rendu*, *il a eu rendu*, *nous avons eu rendu*, *vous avez eu rendu*, *ils ont eu rendu*.

FUTUR.

Je rendrai.
Tu rendras.
Il rendra.
Nous rendrons.
Vous rendrez.
Ils rendront.

FUTUR PASSÉ.

J'aurai rendu.
Tu auras rendu.
Il aura rendu.
Nous aurons rendu.
Vous aurez rendu.
Ils auront rendu.

CONDITIONNEL.

PRÉSENT.

Je rendrais.
Tu rendrais.
Il rendrait.
Nous rendrions.
Vous rendriez.
Ils rendraient.

PASSÉ.

J'aurais rendu.
Tu aurais rendu.
Il aurait rendu.
Nous aurions rendu.
Vous auriez rendu.
Ils auraient rendu.

On dit aussi: *J'eusse rendu, tu eusses rendu, il eût rendu, nous eussions rendu, vous eussiez rendu, ils eussent rendu.*

IMPÉRATIF.

Point de première personne.

Rends.
Qu'il rende.
Rendons.
Rendez.
Qu'ils rendent.

SUBJONCTIF.

PRÉSENT *ou* FUTUR.

Que je rende.
Que tu rendes.
Qu'il rende.
Que nous rendions.
Que vous rendiez.
Qu'ils rendent.

IMPARFAIT.

Que je rendisse.
Que tu rendisses.
Qu'il rendît.
Que nous rendissions.
Que vous rendissiez.
Qu'ils rendissent.

PRÉTÉRIT.

Que j'aie rendu.
Que tu aies rendu.
Qu'il ait rendu.
Que nous ayons rendu.
Que vous ayez rendu.
Qu'ils aient rendu.

PLUS-QUE-PARFAIT.

Que j'eusse rendu.
Que tu eusses rendu.
Qu'il eût rendu.
Que nous eussions rendu.
Que vous eussiez rendu.
Qu'ils eussent rendu.

INFINITIF.

PRÉSENT.

Rendre.

PRÉTÉRIT.

Avoir rendu.

PARTICIPES.

PRÉSENT.

Rendant.

PASSÉ.

Rendu, rendue, ayant rendu.

FUTUR.

Devant rendre.

Ainsi se conjuguent *attendre*, *entendre*, *suspendre*, *vendre*.

Des temps primitifs.

On appelle *temps primitifs* d'un verbe ceux qui servent à former les autres temps dans les quatre conjugaisons.

TABLEAU DES TEMPS PRIMITIFS.

	Présent de l'Infinitif.	Participe présent.	Participe passé.	Présent de l'Indicatif.	Prétérit de l'Indicatif.
Première Conjugaison.	Aimer.	Aimant.	Aimé.	J'aime.	J'aimai.
Seconde Conjugaison.	Finir. Sentir. Ouvrir. Tenir.	Finissant. Sentant. Ouvrant. Tenant.	Fini. Senti. Ouvert. Tenu.	Je finis. Je sens. J'ouvre. Je tiens.	Je finis. Je sentis. J'ouvris. Je tins.
Troisième Conjugaison.	Recevoir.	Recevant.	Reçu.	Je reçois.	Je reçus.
Quatrième Conjugaison.	Rendre. Plaire. Paraître. Réduire. Plaindre.	Rendant. Plaisant. Paraissant. Réduisant. Plaignant.	Rendu. Plu. Paru. Réduit. Plaint.	Je rends. Je plais. Je parais. Je réduis. Je plains.	Je rendis. Je plus. Je parus. Je réduisis. Je plaignis.

Formation des temps dérivés (1).

I. Du présent de l'indicatif se forme l'impératif, en ôtant seulement le pronom *je*. Exemple : *j'aime*, impératif *aime ; je finis*, impératif *finis ; je reçois*, impératif *reçois ; je rends*, impératif *rends*.

Excepté quatre verbes ; *je suis*, impératif *sois ; j'ai*, impératif *ie ; je vais*, impératif *va ; je sais*, impératif *sache*.

II. Du prétérit de l'indicatif se forme l'imparfait du subjonctif, en changeant *ai* en *asse* pour la première conjugaison : *j'aimai*, imparfait du subjonctif *que j'aimasse ;* et en ajoutant seulement *se* pour les trois

(1) On appelle *temps dérivés* ceux qui se forment des temps *primitifs*.

autres conjugaisons : *je finis, je finisse; je reçus, je reçusse; je rendis, je rendisse.* Point d'exception.

III. Du présent de l'indicatif on forme :

1° Le futur de l'indicatif, en changeant *r* ou *re* en *rai;* exemples : *aimer, j'aimerai; finir, je finirai; rendre, je rendrai.*

EXCEPTIONS. Première conjugaison. *Aller*, futur *j'irai; envoyer, j'enverrai.*

Seconde conjugaison. *Tenir*, futur *je tiendrai; venir, je viendrai; courir, je courrai; cueillir, je cueillerai; mourir, je mourrai; acquérir, j'acquerrai.*

Troisième conjugaison. *Recevoir*, futur *je recevrai; savoir, je saurai; s'asseoir, je m'asseyerai* ou *je m'assiérai; voir, je verrai; vouloir, je voudrai; valoir, je vaudrai; falloir, il faudra; pleuvoir, il pleuvra.*

Quatrième conjugaison. *Faire*, futur *je ferai; être, je serai.*

2° Du futur de l'indicatif on forme le conditionnel présent, en changeant *rai* en *rais*, sans exception : *j'aimerai*, conditionnel *j'aimerais; je finirai, je finirais ; je recevrai, je recevrais; je rendrai, je rendrais.*

IV. Du participe présent on forme :

1° L'imparfait de l'indicatif, en changeant *ant* en *ais : aimant*, imparfait *j'aimais; finissant, je finissais; recevant, je recevais; rendant, je rendais.*

EXCEPTIONS. Il n'y en a que deux : *ayant, j'avais; sachant, je savais.*

2° Du même participe on forme la première personne plurielle du présent de l'indicatif, en changeant *ant* en *ons : aimant, nous aimons; finissant, nous finissons; recevant, nous recevons; rendant, nous rendons.*

Excepté : *étant, nous sommes; ayant, nous avons; sachant, nous savons.*

On forme aussi la seconde personne plurielle en *ez : vous aimez, vous finissez, vous recevez, vous rendez.*

Excepté : *faisant, vous faites; disant, vous dites.*

Et la troisième personne en *ent*: *ils aiment*, *ils finissent*, etc.

3° Du même participe présent on forme le présent du subjonctif, en changeant *ant* en *e* muet: *aimant*, *que j'aime*; *finissant*, *que je finisse*; *rendant*, *que je rende*.

EXCEPTIONS. Première conjugaison. *Allant*, *que j'aille*.

Seconde conjugaison. *Tenant*, *que je tienne*; *venant*, *que je vienne*; *acquérant*, *que j'acquière*; *mourant*, *que je meure*.

Troisième conjugaison. *Recevant*, *que je reçoive*; *devant*, *que je doive*; *pouvant*, *que je puisse*; *valant*, *que je vaille* (1); *voulant*, *que je veuille* (2); *mouvant*, *que je meuve*; *fallant* [inusité], *qu'il faille*.

Quatrième conjugaison. *Buvant*, *que je boive*; *faisant*, *que je fasse*; *étant*, *que je sois*.

V. Du participe passé on forme tous les temps composés (3), en y joignant les temps des verbes auxiliaires *avoir*, *être*: comme *j'ai aimé*, *j'ai fini*, *j'ai reçu*, *j'ai rendu*; *j'avais aimé*, *j'avais fini*, *j'avais reçu*, *j'avais rendu*; *j'aurai aimé*, *j'aurai fini*, *j'aurai reçu*, *j'aurai rendu*; *que j'eusse aimé*, *que j'eusse fini*, *que j'eusse reçu*, *que j'eusse rendu*, etc.

VERBES IRRÉGULIERS.

On appelle *irréguliers* les verbes qui ne suivent pas toujours la règle générale des conjugaisons.

Plusieurs de ces verbes ne sont pas usités à certains temps et à certaines personnes.

---

(1) *Que tu vailles*, *qu'il vaille*, *que nous valions*, *que vous valiez*, *qu'ils vaillent*.

(2) *Que tu veuilles*, *qu'il veuille*, *que nous voulions*, *que vous vouliez*, *qu'ils veuillent*.

(3) On appelle *temps composés* ceux qui sont formés de deux mots, comme *j'ai aimé*, nous *aurons reçu*, par opposition à *temps simples*, qui ne le sont que d'un seul, comme je *rends*, nous *rendons*.

TEMPS PRIMITIFS

DES VERBES IRRÉGULIERS.

Présent de l'Infinitif.	Participe présent.	Participe passé.	Présent de l'Indicatif.	Prétérit de l'Indicatif.
PREMIÈRE CONJUGAISON.				
Aller.	Allant.	Allé.	Je vais.	J'allai.
Puer.	Puant.	Pué.	Je pus (1).	Je puai.
SECONDE CONJUGAISON.				
Courir.	Courant.	Couru.	Je cours.	Je courus.
Cueillir.	Cueillant.	Cueilli.	Je cueille.	Je cueillis.
Fuir.	Fuyant.	Fui.	Je fuis.	Je fuis.
Mourir.	Mourant.	Mort.	Je meurs.	Je mourus.
Faillir (2).	Faillant.	Failli.	Je faux.	Je faillis.
Acquérir.	Acquérant.	Acquis.	J'acquiers.	J'acquis.
Saillir.	Saillant.	Sailli.	Il saille.	Il saillit.
Tressaillir.	Tressaillant.	Tressailli.	Je tressaille.	Je tressaillis.
Vêtir.	Vêtant.	Vêtu.	Je vêts.	Je vêtis.
Revêtir.	Revêtant.	Revêtu.	Je revêts.	Je revêtis.
TROISIÈME CONJUGAISON.				
Choir.				
Déchoir.		Déchu.	Je déchois.	Je déchus.
Echoir.	Echéant.	Echu.	Il échet.	J'échus.
Falloir.		Fallu.	Il faut.	Il fallut.
Mouvoir.	Mouvant.	Mu.	Je meus.	Je mus.
Pleuvoir.	Pleuvant.	Plu.	Il pleut.	Il plut.
Pouvoir.	Pouvant.	Pu.	Je puis.	Je pus.
Savoir.	Sachant.	Su.	Je sais.	Je sus.
S'asseoir.	S'asseyant.	Assis.	Je m'assieds.	Je m'assis.
Surseoir.		Sursis.	Je sursois.	Je sursis.
Valoir.	Valant.	Valu.	Je vaux.	Je valus.
Voir.	Voyant.	Vu.	Je vois.	Je vis.
Pourvoir.	Pourvoyant.	Pourvu.	Je pourvois.	Je pourvus.
Vouloir.	Voulant.	Voulu.	Je veux.	Je voulus.

(1) Ce verbe n'est usité qu'à l'infinitif, au présent, à l'imparfait, au futur de l'indicatif, et au conditionnel présent.

(2) Plusieurs des temps de ce verbe sont de peu d'usage.

QUATRIÈME CONJUGAISON.

Présent de l'Infinitif.	Participe présent.	Participe passé.	Présent de l'Indicatif.	Prétérit de l'Indicatif.
Battre.	Battant.	Battu.	Je bats.	Je battis.
Boire.	Buvant.	Bu.	Je bois.	Je bus.
Braire.			Il brait.	
Bruire.	Bruyant.			
Circoncire.		Circoncis	Je circoncis.	Je circoncis.
Clore, clorre.		Clos.	Je clos.	
Conclure.	Concluant.	Conclu.	Je conclus.	Je conclus.
Confire.		Confit.	Je confis.	Je confis.
Coudre.	Cousant.	Cousu.	Je couds.	Je cousis.
Croire.	Croyant.	Cru.	Je crois.	Je crus.
Dire.	Disant.	Dit.	Je dis.	Je dis.
Maudire.	Maudissant.	Maudit.	Je maudis.	Je maudis.
Ecrire.	Ecrivant.	Ecrit.	J'écris.	J'écrivis.
Exclure.	Excluant.	Exclus.	J'exclus.	J'exclus.
Faire.	Faisant.	Fait.	Je fais.	Je fis.
Prendre.	Prenant.	Pris.	Je prends.	Je pris.
Lire.	Lisant.	Lu.	Je lis	Je lus.
Luire.	Luisant.	Lui.	Je luis.	
Mettre.	Mettant.	Mis.	Je mets.	Je mis.
Moudre.	Moulant.	Moulu.	Je mouds.	Je moulus.
Naître.	Naissant.	Né.	Je nais.	Je naquis.
Nuire.	Nuisant.	Nui.	Je nuis.	Je nuisis.
Rire.	Riant.	Ri.	Je ris.	Je ris.
Rompre.	Rompant.	Rompu.	Je romps.	Je rompis.
Absoudre.	Absolvant.	Absous.	J'absous.	
Résoudre.	Résolvant.	Résous, résolu.	Je résous.	Je résolus.
Suffire.	Suffisant.	Suffi.	Je suffis.	Je suffis.
Suivre.	Suivant.	Suivi.	Je suis.	Je suivis.
Traire.	Trayant.	Trait.	Je trais.	
Vaincre.	Vainquant.	Vaincu.	Je vaincs.	Je vainquis.
Vivre.	Vivant.	Vécu.	Je vis.	Je vécus.

Nous ne marquons pas les verbes *Composés*, parce qu'ils suivent la conjugaison de leurs *simples* : par exemple, les composés *promettre*, *admettre*, etc., se conjuguent comme le verbe simple *mettre*.

Au moyen de cette table et des règles que nous avons donnée sur la formation des temps, il n'y a point de verbe qu'on ne puisse conjuguer.

Accord des verbes avec leur Nominatif ou Sujet.

On appelle *sujet* ou *nominatif* d'un verbe ce qui est ou ce qui fait la chose qu'exprime le verbe. On trouve le nominatif en mettant *qui est-ce qui* devant le verbe. La réponse à cette question indique le *nominatif*. Quand je dis : *l'enfant est sage, qui est-ce qui est sage?* Réponse, *l'enfant* : voilà le nominatif ou sujet du verbe *est*. *Le lièvre court, qui est-ce qui court?* Réponse, *le lièvre* : voilà le nominatif du verbe *court*.

Règle. Tout verbe doit être du même nombre et de la même personne que son nominatif ou sujet.

Exemple. *Je parle : parle* est du nombre singulier et de la première personne, parce que *je*, son nominatif, est du singulier et de la première personne. *Vous parlez tous deux : parlez* est au nombre pluriel et de la seconde personne, parce que *vous* est au nombre pluriel et de la seconde personne.

Première remarque. Quand un verbe a deux sujets singuliers, on met ce verbe au pluriel.

Exemple. *Mon frère et ma sœur* lisent.

Deuxième remarque. Quand les deux sujets sont de différentes personnes, on met le verbe à la plus noble personne : la première est plus noble que la seconde, la seconde est plus noble que la troisième.

Exemples. *Vous et moi* nous lisons.

Vous et votre frère vous lisez.

(La politesse française veut qu'on nomme d'abord la personne à qui l'on parle, et qu'on se nomme le dernier.)

RÉGIME DES VERBES ACTIFS.

On appelle *verbes actifs* ceux après lesquels on peut mettre *quelqu'un* ou *quelque chose*. *Aimer* est un verbe actif, parce qu'on peut dire *aimer quelqu'un*. Par exemple : *j'aime Dieu* : ce mot qui suit le verbe actif s'appelle le *régime* de ce verbe. On connaît le régime en faisant la question *qu'est-ce que?* Exemple : *qu'est-ce que j'aime?* Réponse, *Dieu*. *Dieu* est le régime du verbe *j'aime*.

Règle. Le régime d'un verbe actif se place ordinairement après le verbe (quand ce n'est pas un pronom).

Exemples. *J'aime Dieu.*

Le chat mange la souris: la souris est le régime du verbe *mange.*

Mais quand le régime est un pronom, il se met devant le verbe.

Exemple. *Je vous aime*, pour *j'aime* vous; *il m'aime*, pour *il aime* moi.

Remarque. Outre ce premier régime, qu'on appelle *direct*, certains verbes actifs peuvent avoir un second régime, qu'on appelle *indirect:* ce second régime se marque par les mots *à* ou *de:* comme *donner une image à l'enfant; enseigner la grammaire à l'enfant; écrire une lettre à son ami; à l'enfant* est le régime indirect des verbes *donner, enseigner; à son ami* est le régime indirect du verbe *écrire. Accuser quelqu'un* de *mensonge; avertir quelqu'un d'une faute; délivrer quelqu'un* du *danger: de mensonge* est le régime indirect du verbe *accuser*, etc.

Tout verbe actif a un passif; ce passif se forme en prenant le régime *direct* de l'actif pour en faire le nominatif du verbe passif, et en ajoutant après le verbe le mot *par* ou *de*. Ainsi, pour tourner par le passif cette phrase: *le chat mange la souris*, dites: *la souris est mangée* par *le chat: j'aime mon père tendrement*, dites: *mon père est tendrement aimé* de *moi*.

CONJUGAISON DES VERBES PASSIFS.

Il n'y a qu'une seule conjugaison pour tous les verbes passifs; elle se fait avec l'auxiliaire *être* dans tous ses temps, et le participe passé du verbe qu'on veut conjuguer.

INDICATIF.

PRÉSENT.

Je suis aimé, *ou* aimée.
Tu es aimé, *ou* aimée.
Il est aimé, *ou* elle est aimée.
Nous sommes aimés, *ou* aimées.
Vous êtes aimés, *ou* aimées.
Ils sont aimés, *ou* elles sont aimées.

PASSÉ.

J'étais aimé, *ou* aimée.
Tu étais aimé, *ou* aimée.
Il était aimé, *ou* elle était aimée.
Nous étions aimés, *ou* aimées.
Vous étiez aimés, *ou* aimées.
Ils étaient aimés, *ou* elles étaient aimées.

PRÉTÉRIT DÉFINI.

Je fus aimé, *ou* aimée.
Tu fus aimé, *ou* aimée
Il fut aimé, *ou* elle fut aimée.
Nous fûmes aimés, *ou* aimées.
Vous fûtes aimés, *ou* aimées.
Ils furent aimés, *ou* elles furent aimées.

PRÉTÉRIT INDÉFINI.

J'ai été aimé, *ou* aimée.
Tu as été aimé, *ou* aimée.
Il a été aimé, *ou* elle a été aimée.
Nous avons été aimés, *ou* aimées.
Vous avez été aimés, *ou* aimées.
Ils ont été aimés, *ou* elles ont été aimées.

PRÉTÉRIT ANTÉRIEUR.

J'eus été aimé, *ou* aimée.
Tu eus été aimé, *ou* aimée.
Il eut été aimé, *ou* elle eut été aimée.
Nous eûmes été aimés, *ou* aimées.
Vous eûtes été aimés, *ou* aimées.
Ils eurent été aimés, *ou* elles eurent été aimées.

PLUS-QUE-PARFAIT.

J'avais été aimé, *ou* aimée.
Tu avais été aimé, *ou* aimée.
Il avait été aimé, *ou* elle avait été aimée.
Nous avions été aimés, *ou* aimées.
Vous aviez été aimés, *ou* aimées.
Ils avaient été aimés, *ou* elles avaient été aimées.

FUTUR.

Je serai aimé, *ou* aimée.
Tu seras aimé, *ou* aimée.
Il sera aimé, *ou* elle sera aimée.
Nous serons aimés, *ou* aimées.
Vous serez aimés, *ou* aimées.
Ils seront aimés, *ou* elles seront aimées.

FUTUR PASSÉ.

J'aurai été aimé, *ou* aimée.
Tu auras été aimé, *ou* aimée.
Il aura été aimé, *ou* elle aura été aimée.
Nous aurons été aimés, *ou* aimées.
Vous aurez été aimés, *ou* aimées.
Ils auront été aimés, *ou* elles auront été aimées.

CONDITIONNEL.

PRÉSENT.

Je serais aimé, *ou* aimée.
Tu serais aimé, *ou* aimée.
Il serait aimé, *ou* elle serait aimée.
Nous serions aimés, *ou* aimées.
Vous seriez aimés, *ou* aimées.
Ils seraient aimés, *ou* elles seraient aimées.

PASSÉ.

J'aurais été aimé, *ou* aimée.
Tu aurais été aimé, *ou* aimée.
Il aurait été aimé, *ou* elle aurait été aimée.
Nous aurions été aimés, *ou* aimées.
Vous auriez été aimés, *ou* aimées.
Ils auraient été aimés, *ou* elles auraient été aimées.

On dit aussi : *J'eusse été aimé*, ou *aimée ; tu eusses été aimé*, ou *aimée ; il eût été aimé*, ou *elle eût été aimée ; nous eussions été aimés*, ou *aimées ; vous eussiez été aimés*, ou *aimées ; ils eussent été aimés*, ou *elles eussent été aimées.*

IMPÉRATIF.

Point de première personne.

Sois aimé, *ou* aimée.
Qu'il soit aimé, *ou* qu'elle soit aimée.
Soyons aimés, *ou* aimées.
Soyez aimés, *ou* aimées.
Qu'ils soient aimés, *ou* qu'elles soient aimées.

SUBJONCTIF.

PRÉSENT *ou* FUTUR.

Que je sois aimé, *ou* aimée.
Que tu sois aimé, *ou* aimée.
Qu'il soit aimé, *ou* qu'elle soit aimée.
Que nous soyons aimés, *ou* aimées.
Que vous soyez aimés, *ou* aimées.
Qu'ils soient aimés, *ou* qu'elles soient aimées.

IMPARFAIT.

Que je fusse aimé, *ou* aimée.
Que tu fusses aimé, *ou* aimée.
Qu'il fût aimé, *ou* qu'elle fût aimée.
Que nous fussions aimés, *ou* aimées.
Que vous fussiez aimés, *ou* aimées.
Qu'ils fussent aimés, *ou* qu'elles fussent aimées.

PRÉTÉRIT.

Que j'aie été aimé, *ou* aimée.
Que tu aies été aimé, *ou* aimée.
Qu'il ait été aimé, *ou* qu'elle ait été aimée.
Que nous ayons été aimés, *ou* aimées.
Que vous ayez été aimés, *ou* aimées.
Qu'ils aient été aimés, *ou* qu'elles aient été aimées.

PLUS-QUE-PARFAIT.

Que j'eusse été aimé, *ou* aimée.
Que tu eusses été aimé, *ou* aimée.
Qu'il eût été aimé, *ou* qu'elle eût été aimée.
Que nous eussions été aimés, *ou* aimées.
Que vous eussiez été aimés, *ou* aimées.
Qu'ils eussent été aimés, *ou* qu'elles eussent été aimées.

INFINITIF.

PRÉSENT.

Etre aimé *ou* aimée.

PRÉTÉRIT.

Avoir été aimé, *ou* aimée.

PARTICIPES.

PRÉSENT.

Étant aimé, *ou* aimée.

PASSÉ.

Ayant été aimé, *ou* aimée.

FUTUR.

Devant être aimé, *ou* aimée.

Ainsi se conjuguent *être fini*, *être reçu*, *être rendu*, etc., etc.

RÉGIME DES VERBES PASSIFS.

Règle. On met *par* ou *de* devant le nom ou pronom qui suit le verbe passif.

Exemple. *La souris est mangée* par *le chat.*
Un enfant sage est aimé de *ses parents.*

Remarque. N'employez jamais *par* avec le nom *Dieu;* dites : *Les méchants seront punis* de *Dieu*, et non pas *seront punis* par *Dieu.*

VERBES NEUTRES.

On appelle *neutres* les verbes après lesquels on ne peut pas mettre *quelqu'un* ni *quelque chose : languir, dormir*, sont des verbes neutres, parce qu'on ne peut pas dire, *languir quelqu'un, dormir quelque chose*, etc.

(On les appelle *neutres*, parce qu'ils ne sont ni *actifs*, *ni passifs*.)

La plupart des verbes neutres se conjuguent, comme les verbes actifs, avec l'auxiliaire *avoir* : *je dors*, *j'ai dormi*, *j'avais dormi*, *j'aurais dormi*, etc.

Mais il y a des verbes neutres qui se conjuguent, dans leurs temps composés, avec l'auxiliaire *être*, comme *venir*, *arriver*, *tomber*, etc.

CONJUGAISON DES VERBES NEUTRES.

INDICATIF.

PRÉSENT.

Je tombe.
Tu tombes.
Il, *ou* elle tombe.
Nous tombons.
Vous tombez.
Ils, *ou* elles tombent.

IMPARFAIT.

Je tombais.
Tu tombais.
Il, *ou* elle tombait.
Nous tombions.
Vous tombiez.
Ils, *ou* elles tombaient.

PRÉTÉRIT DÉFINI.

Je tombai.
Tu tombas.
Il tomba.
Nous tombâmes.
Vous tombâtes.
Ils, *ou* elles tombèrent.

PRÉTÉRIT INDÉFINI.

Je suis tombé, *ou* tombée.
Tu es tombé, *ou* tombée.
Il est tombé, *ou* elle est tombée.
Nous sommes tombés, *ou* tombées.
Vous êtes tombés, *ou* tombées.
Ils sont tombés, *ou* elles sont tombées.

PRÉTÉRIT ANTÉRIEUR

Je fus tombé, *ou* tombée.
Tu fus tombé, *ou* tombée.
Il fut tombé, *ou* elle fut tombée.
Nous fûmes tombés, *ou* tombées.
Vous fûtes tombés, *ou* tombées.
Ils furent tombés, *ou* elles furent tombées.

PLUS-QUE-PARFAIT.

J'étais tombé, *ou* tombée.
Tu étais tombé, *ou* tombée.
Il était tombé, *ou* elle était tombée.
Nous étions tombés, *ou* tombées.
Vous étiez tombés, *ou* tombées.
Ils étaient tombés, *ou* elles étaient tombées.

FUTUR.

Je tomberai.
Tu tomberas.
Il, *ou* elle tombera.
Nous tomberons.
Vous tomberez.
Ils, *ou* elles tomberont.

FUTUR PASSÉ.

Je serai tombé, *ou* tombée.
Tu seras tombé, *ou* tombée.
Il sera tombé, *ou* elle sera tombée.
Nous serons tombés, *ou* tombées.
Vous serez tombés, *ou* tombées.
Ils seront tombés, *ou* elles seront tombées.

CONDITIONNEL.

PRÉSENT.

Je tomberais.
Tu tomberais.
Il, *ou* elle tomberait.
Nous tomberions.
Vous tomberiez.
Ils, *ou* elles tomberaient.

PASSÉ.

Je serais tombé, *ou* tombée.
Tu serais tombé, *ou* tombée.
Il serait tombé, *ou* elle serait tombée.
Nous serions tombés, *ou* tombées.
Vous seriez tombés, *ou* tombées.
Ils seraient tombés, *ou* elles seraient tombées.

On dit aussi : *Je fusse tombé*, ou *tombée; tu fusses tombé*, ou *tombée; il fût tombé*, ou *elle fût tombée; nous fussions tombés*, ou *tombées; vous fussiez tombés*, ou *tombées; ils fussent tombés*, ou *elles fussent tombées.*

IMPÉRATIF.

Point de première personne.

Tombe.
Qu'il, *ou* qu'elle tombe.
Tombons.
Tombez.
Qu'ils, *ou* qu'elles tombent.

SUBJONCTIF.

PRÉSENT *ou* FUTUR.

Que je tombe.
Que tu tombes.
Qu'il, *ou* qu'elle tombe.
Que nous tombions.
Que vous tombiez.
Qu'ils, *ou* qu'elles tombent.

IMPARFAIT.

Que je tombasse.
Que tu tombasses.
Qu'il, *ou* qu'elle tombât.
Que nous tombassions.
Que vous tombassiez.
Qu'ils, *ou* qu'elles tombassent.

PRÉTÉRIT.

Que je sois tombé, *ou* tombée.
Que tu sois tombé, *ou* tombée.
Qu'il soit tombé, *ou* qu'elle soit tombée.
Que nous soyons tombés, *ou* tombées.
Que vous soyez tombés, *ou* tombées.
Qu'ils soient tombés, *ou* qu'elles soient tombées.

PLUS-QUE-PARFAIT.

Que je fusse tombé, *ou* tombée.
Que tu fusses tombé, *ou* tombée.
Qu'il fût tombé, *ou* qu'elle fût tombée.
Que nous fussions tombés, *ou* tombées.
Que vous fussiez tombés, *ou* tombées.
Qu'ils fussent tombés, *ou* qu'elles fussent tombées.

INFINITIF.

PRÉSENT.

Tomber.

PRÉTÉRIT.

Être tombé, *ou* tombée.

PARTICIPES.

PRÉSENT.

Tombant.

PASSÉ.

Tombé, tombée, étant tombé.

FUTUR.

Devant tomber.

Conjuguez de même les verbes *aller*, *arriver*, *déchoir*, *décéder*, *entrer*, *sortir*, *mourir*, *naître*, *partir*, *rester*, *descendre*, *monter*, *passer*, *venir*, et ses composés, *devenir*, *survenir*, *revenir*, *parvenir*, etc.

Il y a des verbes neutres qui ont un régime.

RÉGIME DES VERBES NEUTRES.

RÈGLE. On met *à* ou *de* devant le nom ou pronom qui suit le verbe neutre.

EXEMPLES.

A	DE
Nuire à *la santé.*	*Médire* de *quelqu'un.*
Plaire au *Seigneur.*	*Profiter* des *leçons.*
Convenir à *quelqu'un.*	*Jouir* de *la liberté.*

VERBES RÉFLÉCHIS.

On appelle *verbes réfléchis* ceux dont le nominatif et le régime sont de la même personne, comme *je me* flatte, *tu te* loues, *il se* blesse, etc.

Les verbes réfléchis se conjuguent comme le verbe *tomber*, c'est-à-dire qu'ils prennent l'auxiliaire *être* aux temps composés. Nous ne mettrons ici que les premières personnes.

CONJUGAISON DES VERBES RÉFLÉCHIS.

INDICATIF.

PRÉSENT.

Je me repens.
Tu te repens.
Il, *ou* elle se repent.
Nous nous repentons.
Vous vous repentez.
Ils, *ou* elles se repentent.

IMPARFAIT.

Je me repentais, *etc.*

PRÉTÉRIT DÉFINI.

Je me repentis, *etc.*

PRÉTÉRIT INDÉFINI.

Je me suis repenti, *ou* repentie.

PRÉTÉRIT ANTÉRIEUR.

Je me fus repenti, *ou* repentie.

PLUS-QUE-PARFAIT.

Je m'étais repenti, *ou* repentie.

FUTUR.

Je me repentirai.

FUTUR PASSÉ.

Je me serai repenti, *ou* repentie.

CONDITIONNEL.

PRÉSENT.

Je me repentirais.

PASSÉ.

Je me serais repenti, *ou* repentie.

On dit aussi : *je me fusse repenti*, *ou repentie.*

IMPÉRATIF.

Point de première personne.

Repens-toi.
Qu'il, *ou* qu'elle se repente.
Repentons-nous.
Repentez-vous.
Qu'ils, *ou* qu'elles se repentent.

SUBJONCTIF.

PRÉSENT *ou* FUTUR.

Que je me repente.

IMPARFAIT.

Que je me repentisse.

PRÉTÉRIT.

Que je me sois repenti, *ou* repentie.

PLUS-QUE-PARFAIT.

Que je me fusse repenti, *ou* repentie.

INFINITIF.

PRÉSENT.

Se repentir.

PRÉTÉRIT.

S'être repenti, *ou* repentie.

PARTICIPES.

PRÉSENT.

Se repentant.

PASSÉ.

Repenti, s'étant repenti, *ou* repentie.

FUTUR.

Devant se repentir.

REMARQUE. *Me*, *te*, *se*, *nous*, *vous*, qui sont le régime des verbes réfléchis, sont quelquefois *régime direct*, comme *je me flatte*, c'est-à-dire *je flatte* moi : *tu te blesseras*, c'est-à-dire *tu blesseras* toi : et quelquefois ils sont *régime indirect*, comme dans cet exemple : *je me fais une loi*, c'est-à-dire *je fais* à moi *une loi* : *il s'est fait honneur*, c'est-à-dire *il a fait honneur* à soi, *etc.*

VERBES IMPERSONNELS.

On appelle *verbe impersonnel* celui qui ne s'emploie dans tous les temps qu'à la troisième personne du singulier, comme *il faut*, *il importe*, *il pleut*, etc. Ils se conjuguent à cette troisième personne comme les autres verbes.

CONJUGAISON DES VERBES IMPERSONNELS.

INDICATIF.

PRÉSENT.

Il faut.

IMPARFAIT.

Il fallait.

PRÉTÉRIT DÉFINI.

Il fallut.

PRÉTÉRIT INDÉFINI.

Il a fallu.

PRÉTÉRIT ANTÉRIEUR.

Il eut fallu.

PLUS-QUE-PARFAIT.

Il avait fallu.

FUTUR.

Il faudra.

FUTUR PASSÉ.

Il aura fallu.

CONDITIONNEL.

PRÉSENT.

Il faudrait.

PASSÉ.

Il aurait fallu.

SUBJONCTIF.

PRÉSENT *ou* FUTUR.

Qu'il faille.

IMPARFAIT.

Qu'il fallût.

PRÉTÉRIT.

Qu'il ait fallu.

PLUS-QUE-PARFAIT.

Qu'il eût fallu.

INFINITIF.

PRÉSENT.

Falloir.

PARTICIPE.

PASSÉ.

Ayant fallu.

Remarque. Le mot *il* ne marque un verbe *impersonnel* que lorsqu'on ne peut mettre un nom à sa place ; car, lorsqu'en parlant d'un enfant, on dit, *il joue*, ce n'est pas un impersonnel, parce qu'à la place du mot *il*, on peut mettre *l'enfant*, et dire : *l'enfant joue*.

CHAPITRE VI.

SIXIÈME ESPÈCE DE MOTS.

Le Participe.

Le **Participe** est un mot qui tient du verbe et de l'adjectif, comme *aimant, aimé :* il tient du verbe, en ce qu'il en a la signification et le régime : *aimant Dieu, aimé de Dieu :* il tient aussi de l'adjectif, en ce qu'il qualifie une personne ou une chose, c'est-à-dire qu'il en marque la qualité, comme *vieillard honoré, vertu éprouvée.*

On distingue deux sortes de *participes :* le *participe présent*, et le *participe passé.*

ACCORD DES PARTICIPES.

1° Le participe présent est toujours terminé en *ant*, comme *aimant*, *finissant*, *recevant*, *rendant*.

Règle. Le participe présent ne varie jamais, c'est-à-dire qu'il ne prend ni genre, ni nombre.

EXEMPLES.

Un homme lisant.	*Une femme* lisant.
Des hommes lisant.	*Des femmes* lisant.

Remarque. Ce qu'on appelle *gérondif* n'est autre chose que le participe présent, devant lequel on met le mot *en*, comme *les jeunes gens se forment l'esprit* en *lisant de bons livres* (1).

2° Participe passé, *aimé*, *fini*, *reçu*, *rendu*.

(1) Il ne faut pas confondre avec le participe présent certains adjectifs verbaux (c'est-à-dire qui viennent des verbes). On dit, *un homme* obligeant, *une femme* obligeante : ce ne sont pas des participes, parce qu'ils n'ont pas de régime ; mais quand je dis : *cette femme est d'un bon caractère*, obligeant *tout le monde quand elle peut*, *obligeant* est ici *participe*, puisqu'il a pour régime *tout le monde*.

Le participe passé s'accorde ou avec son nominatif, ou avec son régime.

Accord du Participe passé avec le Nominatif.

Première RÈGLE. Le participe passé, quand il est accompagné du verbe auxiliaire *être*, s'accorde en genre et en nombre avec son nominatif ou sujet, c'est-à-dire que l'on ajoute *e*, si le sujet est féminin, et *s*, si le sujet est au pluriel.

EXEMPLES.

Mon frère a été puni.	*Ma sœur a été* punie.
Mes frères ont été punis.	*Mes sœurs ont été* punies (1).
Mon frère est tombé.	*Ma sœur est* tombée.
Mes frères sont tombés.	*Mes sœurs sont* tombées.

EXCEPTION *unique*. Dans les temps composés des verbes *réfléchis*, le participe ne s'accorde pas avec son nominatif: on dit d'une femme: *elle s'est* mis *cela dans la tête* (et non pas *mise*); *quelques païens se sont* donné *la mort* (et non pas *se sont* donnés).

Deuxième RÈGLE. Mais quand le participe passé est accompagné du verbe auxiliaire *avoir*, il ne s'accorde jamais avec son nominatif.

EXEMPLES.

Mon père a écrit *une lettre.*	*Ma mère a* écrit *une lettre.*
Mes frères ont écrit *une lettre.*	*Mes sœurs ont* écrit *une lettre.*

(Le participe *écrit* ne change point, quoique le nominatif soit masculin ou féminin, singulier ou pluriel.)

Accord du Participe passé avec le Régime.

Première RÈGLE. Le participe passé s'accorde toujours avec son régime *direct*, quand ce régime est devant le participe.

EXEMPLES.

La lettre que vous avez écrite, *je l'ai* lue.
Les livres que j'avais prêtés, *on les a* rendus.

---

(1) Le participe *été* n'a ni féminin, ni pluriel; on dit: *elle a été, ils ont été.*

Quelle affaire avez-vous entreprise?
Combien d'ennemis n'a-t-il pas vaincus!
Quand la race de Caïn se fut multipliée.

On voit que le régime mis devant le participe est ordinairement l'un des pronoms, *que*, *me*, *te*, *se*, *le*, *la*, *les*, *nous*, *vous*, *quels* (1).

Deuxième RÈGLE. Mais quand le régime n'est placé qu'après le participe, ce participe ne s'accorde pas avec son régime.

EXEMPLES.

J'ai écrit *une lettre.* *J'ai* écrit *des lettres.*
Vous avez acheté *un livre.* *Vous avez* acheté *des livres.*

(*Écrit*, *acheté*, ne changent pas, quoique le régime soit singulier ou pluriel, masculin ou féminin, parce que ce régime est après le participe.)

Remarque. On dit, sans faire accorder, *les vertus que j'ai* entendu *louer*, *les vices que j'ai* résolu *d'éviter*: *que* n'est pas ici le régime des participes *entendu*, *résolu*, mais des infinitifs suivants, *louer*, *éviter*. Pour connaître si le régime dépend du participe, il faut savoir si l'on peut mettre ce régime immédiatement après le participe. On ne peut pas dire ici: *j'ai entendu les vertus*; *j'ai résolu les vices.*

CHAPITRE VII.

SEPTIÈME ESPÈCE DE MOTS.

La Préposition.

La PRÉPOSITION est un mot qui sert à joindre le nom ou pronom suivant au mot qui la précède: par exemple, quand je dis *le fruit* de *l'arbre*, *de* marque le

(1) Autrefois on mettait deux exceptions: 1° quand le nominatif est après le participe, comme, *la leçon que vous ont* donné *vos maîtres*; 2° quand le participe est suivi d'un adjectif qui fait partie du régime, comme, *Adam et Eve que Dieu avait* créé *innocents*; mais c'est à tort, il faut dans le premier exemple *donnée*, et dans le second, il faut *créés* (Essais de Grammaire par d'Olivet).

rapport qu'il y a entre *fruit* et *arbre*: quand je dis *utile* à *l'homme*, *à* fait rapporter le nom *homme* à l'adjectif *utile*: quand je dis *j'ai reçu* de *mon père*, *de* sert à joindre le nom *père* au verbe *reçu*, etc.; *de*, *à*, sont des prépositions. Le mot qui suit s'appelle le *régime* de la *préposition*.

Cette espèce de mot s'appelle *préposition*, parce qu'elle se met immédiatement avant le nom qu'elle régit.

PRÉPOSITIONS FRANÇAISES.

Pour marquer la place ou le lieu.

A. Attacher *à* la muraille : vivre *à* Paris : aller *à* Rome.

Dans. Être *dans* la maison : serrer *dans* une cassette.

En. Être *en* Italie : voyager *en* Allemagne.

De. Sortir *de* la ville : venir *de* la province.

Chez. Être *chez* un ami : ce livre est *chez* le libraire.

Devant. Le berger marche *devant* le troupeau : allez *devant* moi.

Après. J'irai *après* vous : courir *après* quelqu'un.

Derrière. Les laquais vont *derrière* leurs maîtres: se cacher *derrière* un mur.

Parmi. Cet officier fut trouvé *parmi* les morts.

Sur. Avoir son chapeau *sur* la tête : mettre un flambeau *sur* la table.

Sous. Mettre un tapis *sous* les pieds : tout ce qui est *sous* le ciel.

Vers. Les yeux levés *vers* le ciel : l'aimant se tourne *vers* le nord.

Pour marquer l'ordre.

Avant. La nouvelle est arrivée *avant* le courrier.

Entre. Tenir un enfant *entre* ses bras : *entre* le printemps et l'automne.

Dès. Cette rivière est navigable *dès* sa source : *dès* sa plus tendre enfance.

Depuis. *Depuis* Paris jusqu'à Orléans : *depuis* la création jusqu'au déluge.

Pour marquer l'union.

Avec. Manger *avec* ses amis : il est parti *avec* la fièvre.
Pendant. *Pendant* la guerre.
Durant. *Durant* la guerre.
Outre. Compagnie de cent hommes, *outre* les officiers.
Selon. Se conduire *selon* la raison.
Suivant. *Suivant* la loi.

Pour marquer la séparation.

Sans. Les soldats *sans* leurs officiers.
Hors. Tout est perdu *hors* l'honneur.
Excepté. Tout est perdu *excepté* l'honneur.

Pour marquer opposition.

Contre. Écoliers révoltés *contre* le maître : plaider *contre* quelqu'un.
Malgré. Il est parti *malgré* moi.
Nonobstant. Il a fait cela *nonobstant* mes représentations.

Pour marquer le but.

Envers. Charitable *envers* les pauvres : son respect *envers* ses supérieurs.
Touchant. Il m'a écrit *touchant* cette affaire.
Pour. Travailler *pour* le bien public : étudier *pour* son instruction.

Pour marquer la cause, le moyen.

Par. Fléchir *par* ses prières : tout a été créé *par* la parole de Dieu.
Moyennant. J'espère *moyennant* la grâce de Dieu.
Attendu. Le courrier n'a pu partir *attendu* le mauvais temps.

CHAPITRE VIII.

HUITIÈME ESPÈCE DE MOTS.

L'Adverbe.

L'ADVERBE est un mot qui se joint ordinairement au verbe ou à l'adjectif, pour en déterminer la signification. Quand on dit *cet enfant parle distinctement*, par ce mot *distinctement* l'on fait entendre qu'il parle d'une manière claire, nette, etc.

On distingue plusieurs sortes *d'adverbes.*

1° Les adverbes qui marquent la *manière;* ils sont presque tous terminés en *ment*, et ils se forment des adjectifs, comme *sagement* de *sage*, *poliment* de *poli*, *agréablement* d'*agréable*, *modestement* de *modeste*, etc.

2° Les adverbes qui marquent l'*ordre*, comme *premièrement*, *secondement*, *d'abord*, *ensuite*, *auparavant*. Exemple: d'abord *il faut éviter le mal*, ensuite *il faut faire le bien*.

3° Les adverbes qui marquent le *lieu*, comme *où*, *ici*, *là*, *deçà*, *au delà*, *dessus*, *partout*, *auprès*, *loin*, *dedans*, *dehors*, *ailleurs*. Exemple: où *êtes-vous? Je suis* ici; *je vais* là.

4° Les adverbes de *temps*, comme *hier*, *autrefois*, *bientôt*, *souvent*, *toujours*, *jamais*, etc. Exemple: *cet enfant joue* toujours *et ne s'applique* jamais.

5° Les adverbes de *quantité*, comme *beaucoup*, *peu*, *assez*, *trop*, *tant*, etc. Exemple: *il parle* beaucoup *et réfléchit* peu.

6° Enfin, les adverbes de *comparaison*, comme *plus*, *moins*, *aussi*, *autant*, etc. Exemple: plus *sage*, aussi *sage*, moins *sage que vous*.

Remarque. Certains adjectifs sont quelquefois employés comme adverbes: on dit, chanter *juste*, parler *bas*, voir *clair*, rester *court*, frapper *fort*, sentir *bon*, etc.

CHAPITRE IX.

NEUVIÈME ESPÈCE DE MOTS.

La Conjonction.

Remarque. On a vu jusqu'à présent comment les mots se joignent ensemble pour former un sens : les mots ainsi réunis font une *phrase* ou *proposition* : la plus petite proposition doit avoir au moins deux mots, le nominatif et le verbe, comme *je chante, vous lisez, l'homme meurt* : souvent le verbe a un régime, comme *je chante un air, vous lisez une lettre*, etc.

La CONJONCTION est un mot qui sert à joindre une phrase à une autre phrase; par exemple, quand on dit : *il pleure* et *il rit en même temps*, ce mot *et* lie la première phrase *il pleure*, avec la seconde *il rit*.

Différentes sortes de Conjonctions.

1° Pour marquer la liaison : *et, ni, aussi, que.*

2° Pour marquer opposition : *mais, cependant, néanmoins, pourtant.*

3° Pour marquer division : *ou, ou bien, soit.*

4° Pour marquer exception : *sinon, quoique.*

5° Pour comparer : *comme, de même que, ainsi que.*

6° Pour ajouter : *de plus, d'ailleurs, outre que, encore.*

7° Pour rendre raison : *car, parce que, puisque, vu que.*

8° Pour marquer l'intention : *afin que, de peur que.*

9° Pour conclure : *or, donc, ainsi, de sorte que.*

10° Pour marquer le temps : *quand, lorsque, comme, dès que, tandis que.*

11° Pour marquer le doute : *si, supposé que, pourvu que, en cas que.*

Il y a plusieurs autres conjonctions : l'usage les fera connaître : la plus ordinaire est *que*. On distingue la conjonction *que* du *que* relatif, en ce qu'elle ne peut pas se tourner par *lequel*, *laquelle*.

RÉGIME DES CONJONCTIONS.

Parmi les conjonctions, les unes veulent le verbe suivant au subjonctif, les autres à l'indicatif.

Voici celles qui régissent le subjonctif : *soit que*, *sans que*, *si ce n'est que*, *quoique*, *jusqu'à ce que*, *encore que*, *à moins que*, *pourvu que*, *supposé que*, *au cas que*, *avant que*, *non pas que*, *afin que*, *de peur que*, *de crainte que* ; et en général quand on marque quelque doute, ou quelque souhait, comme *je souhaite*, *je doute que cet enfant* soit *jamais savant*.

CHAPITRE X.

DIXIÈME ESPÈCE DE MOTS.

L'Interjection.

L'INTERJECTION est un mot dont on se sert pour exprimer un sentiment de l'âme, comme la joie, la douleur, etc.

La joie : *Ah ! Bon !*
La douleur : *Aïe ! Ah ! Hélas ! Ouf !*
La crainte : *Ha ! Hé !*
L'aversion : *Fi ! Fi donc !*
L'admiration : *Oh !*
Pour encourager : *Çà ! Allons ! Courage !*
Pour appeler : *Holà ! Hé !*
Pour faire taire : *Chut ! Paix !*

REMARQUES PARTICULIÈRES
SUR CHAQUE ESPÈCE DE MOTS.

Des Lettres.

H est aspirée dans *héros:* on dit *le héros;* mais elle n'est point aspirée dans *héroïsme:* on dit l'*héroïsme de la vertu.*

l au milieu et à la fin des mots, quand elle est précédée d'un *i*, est ordinairement mouillée, et se prononce comme à la fin de ces mots, *soleil, orgueil, famille, bouillir.*

On écrit *œil*, que l'on prononce comme *euil.*

s entre deux voyelles se prononce comme *z*. Exemple: *maison, poison, rase, braise*, etc., excepté les mots *préséance, présupposer*, etc., où l'on conserve la prononciation de l'*s*.

d, à la fin du mot *grand*, se prononce comme *t* devant une voyelle ou une *h* muette: *grand homme;* on prononce comme s'il y avait *grant homme.*

gn, au milieu d'un mot, forme une prononciation mouillée: comme dans ces mots: *ignorance, magnanime, agneau, signal.*

t ne se prononce pas à la fin de ces mots, *respect, aspect*, même quand le mot suivant commence par une voyelle ou une *h* muette; ainsi prononcez *respect umain*, comme s'il y avait *respec humain.*

DES NOMS COMPOSÉS.

Quand un nom est composé d'un adjectif et d'un nom, ils prennent tous deux la marque du pluriel. Exemple : un *arc-boutant*, des *arcs-boutants;* un *chat-huant*, des *chats-huants*, etc.

Quand il est composé de deux noms unis par une préposition, on ne met la marque du pluriel qu'au premier des deux noms. Exemple: *un chef-d'œuvre, des chefs-d'œuvre, un arc-en-ciel, des arcs-en-ciel.*

Quand il est composé d'un nom joint à une préposition ou à un verbe, le nom seul prend la marque du pluriel. Exemple : *un entre-sol, des entre-sols; un garde-fou, des garde-fous.*

NOMS DE NOMBRE.

Cent au pluriel, et *vingt* dans quatre-*vingts*, six-*vingts*, prennent une *s* quand ils sont suivis d'un nom. Exemple, deux cents *hommes*, quatre-vingts *volumes*, six-vingts *arbres.*

Pour la date des années on écrit *mil.* Exemple : *le froid fut très-grand en* mil *sept cent neuf;* partout ailleurs on écrit *mille*, qui ne prend jamais *s* : *deux* mille *hommes.*

Neuf se prononce devant une voyelle comme *neuv.* Exemple : *il y a neuf ans;* prononcez *neuv ans.*

On dit *une demi-heure, une demi-livre* : ce mot *demi* ne change pas quand il est devant le nom ; mais dites : une heure et *demie*, une livre et *demie* : quand le mot *demi* est après le nom, il en prend le genre.

NOMS PARTITIFS.

On appelle *noms partitifs* ceux qui marquent la partie d'un plus grand nombre, comme *la plupart de, une infinité de, beaucoup de, peu de*, etc.

Les noms partitifs suivis d'un nom pluriel veulent le verbe et l'adjectif au pluriel.

EXEMPLES. *La plupart des enfants* sont légers.
Peu d'enfants sont attentifs.

Remarque. Dans le sens partitif on met *de*, et non pas *des*, devant un adjectif. Exemples : *J'ai lu* de *bons livres*, et non pas *des* bons livres ; *j'ai vu* de *belles maisons*, et non pas *des* belles maisons.

PRONOMS.

1° *Vous*, employé pour *tu*, veut le verbe au pluriel, mais l'adjectif suivant reste au singulier.

EXEMPLE. *Mon fils*, *vous* serez estimé, *si vous* êtes sage.

2° *Le, la, les,* sont quelquefois pronoms, et quelquefois ils sont articles : l'article est toujours suivi d'un nom ; *le* frère, *la* sœur, *les* hommes : au lieu que le pronom est toujours joint à un verbe, comme *je* le *connais*, *je* la *respecte*, *je* les *estime.*

Le pronom *le* ne prend ni genre ni nombre quand il tient la place d'un adjectif ou d'un verbe. Par exemple, si l'on disait à une dame : *Madame, êtes-vous malade ?* il faudrait qu'elle répondît : *oui, je* le *suis,* et non pas *je* la *suis,* parce que *le* se rapporte à l'adjectif *malade : on doit s'accommoder à l'humeur des autres autant qu'on* le *peut :* je mets *le* parce qu'il se rapporte au verbe *accommoder.*

3° N'employez le pronom *soi* qu'après un nominatif vague et indéterminé, comme *on, chacun, ce,* etc.

Exemples. On *ne doit jamais parler de* soi.
Chacun *songe à* soi.
N'aimer que soi, *c'est être mauvais citoyen.*

4° Il ne faut pas se servir du pronom *son, sa, ses, leur, leurs,* mis pour un nom de chose, à moins que ce nom ne soit exprimé dans la même phrase. Ainsi ne dites pas : *Paris est beau, j'admire* ses *bâtiments ;* mais dites : *j'en admire les bâtiments.*

On emploie bien *son, sa, ses,* etc., pour un nom de chose, quand il est exprimé dans la même phrase ; ainsi on dit bien : *La Seine a* sa *source en Bourgogne* (1).

5° Il faut dire *c'est en Dieu* que *nous devons mettre notre espérance ;* et non pas *en qui : c'est à vous-même* que *je veux parler,* et non pas *à qui* je veux. (Dans ces deux phrases, *que* n'est pas relatif, mais conjonction.)

6° *Qui* relatif est toujours du même nombre et de la même personne que son *antécédent ;* ainsi il faut dire : *moi* qui *ai vu, toi* qui *as vu, nous* qui *avons vu, vous* qui *avez vu, eux* qui *ont vu,* etc.

(1) Cependant, quoique le nom de chose ne soit pas dans la même phrase, on se sert bien de *son, sa, ses,* quand il est régi par une préposition, comme : *Paris est beau, j'admire la grandeur de ses bâtiments.*

7° *Qui*, précédé d'une préposition, ne se dit jamais des choses, mais seulement des personnes. Ainsi ne dites pas : *les sciences à* qui *je m'applique*, mais *auxquelles* je m'applique. On dira très-bien : *la personne à* qui ou *à* laquelle *je me confie*.

8° *Ce* devant le verbe *être* veut ce verbe au singulier, excepté quand il est suivi de la troisième personne plurielle ; on dit : c'est *moi*, c'est *toi*, c'est *lui*, c'est *nous*, c'est *vous* qui ; mais il faut dire : ce sont *eux*, ce sont *elles*, ce sont *vos ancêtres qui ont bâti cette maison*.

9° *Tout*, mis pour *quoique*, *entièrement*, ne change point de nombre devant un adjectif masculin. Ainsi dites : *ces enfants*, tout *aimables qu'ils sont*, *ne laissent pas d'avoir bien des défauts*.

Tout ne change ni de genre ni de nombre devant un adjectif féminin qui commence par une voyelle ou une *h* muette ; ainsi dites : *ces images*, tout *amusantes qu'elles sont*, *ne me plaisent pas*.

Mais si l'adjectif féminin commence par une consonne, alors on met *toute*, *toutes*. Exemple : *cette image*, toute *belle qu'elle est*, *ne me plaît pas* ; *ces images*, toutes *belles qu'elles sont*, *ne me plaisen pas* (1).

10° *Quelque... que* s'emploie de cette manière : S'il y a un adjectif entre *quelque* et *que*, alors *quelque* ne prend jamais *s* à la fin.

Exemple. *Les rois*, quelque *puissants* qu'*ils soient*, *ne doivent pas oublier qu'ils sont hommes*.

S'il y a un nom entre *quelque* et *que*, alors on met *quelque* au même nombre que le nom.

Exemple. Quelques *richesses* que *vous ayez*, *vous ne devez pas vous enorgueillir*.

Si le nom n'est placé qu'après le *que* et le verbe,

(1) Quand *tout* signifie *entièrement*, il suit la même règle : *ils sont* tout *interdits* ; *elles sont* tout *interdites*, etc., c'est-à-dire entièrement *interdits*.

alors il faut écrire en deux mots séparés : *quel* ou *quelle* que, *quels* ou *quelles* que.

EXEMPLES. Quel que *soit votre pouvoir*, quels que *soient vos moyens*, quelle que *soit votre force*, quelles que *soient vos richesses*, *vous ne devez pas vous enorgueillir : votre puissance*, quelle qu'*elle soit, ne vous donne pas le droit de mépriser les autres.*

11° *Celui-ci*, *celui-là*, s'emploient de cette manière : *celui-ci*, pour la personne dont on a parlé en dernier lieu ; *celui-là*, pour la personne dont on a parlé en premier lieu.

EXEMPLE. *Les deux philosophes Héraclite et Démocrite étaient d'un caractère bien différent :* celui-ci *riait toujours*, celui-là *pleurait sans cesse.*

Ceci désigne une chose plus proche ; *cela* désigne une chose plus éloignée. Exemple : *je n'aime pas* ceci ; *donnez-moi* cela.

12° Le mot *personne*, employé comme *pronom*, est du masculin. Ainsi on doit dire : *je ne connais* personne *plus* heureux *que lui*. Mais *personne* employé comme *nom* est du féminin : *cette* personne *est très*-heureuse.

On ne dit plus *un chacun*, *un quelqu'un*.

REMARQUES SUR LES VERBES.

1. Le nominatif, soit nom, soit pronom, se place après le verbe, 1° quand on interroge. Exemple : *que penseront de vous* les honnêtes gens, *si vous n'êtes pas sage ? Irai*-je ? *Viendras*-tu ? *Est*-il *arrivé ?*

Quand le verbe qui précède *il*, *elle*, *on*, finit par une voyelle, on ajoute un *t* devant *il*, *elle*, *on*. Exemple : *appelle*-t-*il ? viendra*-t-*elle ? aime*-t-*on les paresseux ?*

L'usage ne permet pas toujours cette manière d'interroger à la première personne, parce que la prononciation en serait rude et désagréable. Ne dites pas : *cours-je*, *mens-je*, *dors-je*, *sors-je*, etc. Il faut prendre un autre tour, et dire : *est-ce que je cours ? est-ce que je mens ? est-ce que je dors ?*

2° Le nominatif se met encore après le verbe, quand

on rapporte les paroles de quelqu'un. Exemple : *je me croirai heureux, disait* un bon roi, *quand je ferai le bonheur de mes sujets.*

3° Après *tel, ainsi.* Exemple : *tel était* son avis ; *ainsi mourut* cet homme.

4° Après les verbes impersonnels. Exemple : *il est arrivé* un grand malheur.

II. On ne doit se servir du prétérit *défini* qu'en parlant d'un temps absolument écoulé, et dont il ne reste plus rien. Ainsi ne dites pas : j'étudiai *aujourd'hui, cette semaine, cette année*, parce que le jour, la semaine, l'année, ne sont pas encore passés. Ne dites pas non plus : j'étudiai ce *matin* : il faut, pour le prétérit *défini*, qu'il y ait l'intervalle d'un jour. Mais on dit bien : j'étudiai *hier, la semaine dernière, l'an passé*, etc.

Le prétérit *indéfini* s'emploie indifféremment pour un temps passé, soit qu'il en reste encore une partie à écouler, ou non ; on dit bien : j'ai étudié *ce matin*, j'ai étudié *hier*, j'ai étudié *cette semaine*, j'ai étudié *la semaine passée*, etc.

III. A quel temps du subjonctif faut-il mettre le verbe qui suit la conjonction *que* (quand elle régit ce mode) ?

Première RÈGLE. Quand le premier verbe est au présent ou au futur, mettez au présent du subjonctif le second verbe qui est après *que*.

EXEMPLES.

Il faut. . . .
Il faudra. . . . } *que vous* soyez *plus attentif.*

Deuxième RÈGLE. Quand le premier verbe est à l'un des prétérits, mettez le second verbe à l'imparfait du subjonctif.

EXEMPLES.

Il fallait. . . .
Il fallut. . . .
Il a fallu. . . . } *que vous* fussiez *plus attentif.*
Il eût fallu. . .
Il aurait fallu.

REMARQUES SUR LES PRÉPOSITIONS.

1° Ne confondez pas *autour* et *alentour* : *autour* est une préposition, et elle est toujours suivie d'un régime : *autour d'un trône; alentour* n'est qu'un adverbe, et il n'a point de régime : *il était sur son trône, et ses fils étaient* alentour.

2° Ne confondez pas *avant* et *auparavant* : *avant* est une préposition, et elle est toujours suivie d'un régime : *avant l'âge, avant le temps; auparavant* n'est qu'un adverbe, et il n'a point de régime : *ne partez pas sitôt, venez me voir* auparavant.

3° *Au travers* est suivi de la préposition *de* : *au travers* des ennemis; *à travers* n'en est pas suivi; on dit : *à travers* les ennemis.

REMARQUES SUR LES ADVERBES.

1° *Plus* et *davantage* ne s'emploient pas toujours l'un pour l'autre : *davantage* ne peut être suivi de la préposition *de*, ni de la conjonction *que*; on ne dit pas : *il a davantage* de *brillant que* de *solide*, mais *plus* de *brillant;* on ne dit pas : *il se fie* davantage *à ses lumières* qu'*à celles des autres*, mais *il se fie* plus *à ses lumières*.

Davantage ne peut s'employer que comme adverbe. Exemple : *la science est estimable, mais la vertu l'est bien* davantage.

2° Ne confondez pas l'adverbe *près de*, qui signifie *sur le point de*, avec l'adjectif *prêt à*, qui signifie *disposé à;* on ne dit point : *il est* prêt à *tomber*, mais *il est* près de *tomber*.

Ne confondez pas *à la campagne* et *en campagne;* ce dernier ne se dit que du mouvement des troupes : *l'armée est* en *campagne;* mais il faut dire : *j'ai passé l'été* à la *campagne*.

REMARQUE SUR LE RÉGIME.

RÈGLE. Un nom peut être régi par deux adjectifs

ou par deux verbes à la fois, pourvu que ces adjectifs et ces verbes ne veuillent pas un régime différent.

EXEMPLES. *Cet homme est utile et cher à sa famille. Cet officier attaqua et prit* la *ville.*

Mais on ne peut pas dire : *Cet homme est utile et chéri* de *sa famille*, parce que l'adjectif *utile* ne peut régir *de sa famille ;* on ne peut pas dire : *Cet officier attaqua et se rendit maître* de *la ville*, parce que le verbe *attaquer* ne peut régir *de la ville.*

CHAPITRE XI.

DE L'ORTHOGRAPHE.

L'ORTHOGRAPHE est la manière d'écrire correctement tous les mots d'une langue.

ORTHOGRAPHE DES NOMS.

1° La première lettre des noms propres, des noms de dignité, doit être une lettre capitale : *Pierre, Paris.*

2° Tous les noms qui ne finissent point par *s* au singulier, en prennent une au pluriel. Exemple : *un jardin charmant, des jardins charmants.*

3° Quoiqu'on écrive *honneur* avec deux *nn*, il n'y en a qu'une dans *honorer.*

4° On écrit avec *mp*, *compte*, *compter*, pour signifier *supputer ;* avec *m* seulement *comte*, *comté*, titre, dignité ; avec une *n*, *conte*, *conter*, pour signifier *raconter.*

5° On écrit avec *mp*, *champ*, pour signifier *terre*, et avec *nt*, *chant*, pour signifier l'action de *chanter.*

6° On écrit ainsi *faim*, besoin de manger, et *fin*, le terme où finit une chose : *La* faim *a contraint les assiégés de se rendre ; la mort est la* fin *de la vie.*

MOTS *en* ace *et en* asse.

On écrit ainsi par *ce*, *glace*, *besace*, *grimace*, *espace*, *place*, *race*, *grâce*, etc.

Et par *sse*, *terrasse*, *basse*, *grasse*, et tous les imparfaits du subjonctif de la première conjugaison : *j'aimasse*, *j'appelasse*, etc.

MOTS *en* ance *et en* ence.

On écrit par *a* les mots suivants, *abondance*, *constance*, *vigilance*, *distance*, etc.

Et par *e*, *prudence*, *conscience*, *absence*, *clémence*, *éloquence*, etc. (On suit à cet égard l'orthographe latine, *abundantia*, *prudentia*.)

MOTS *en* èce *et en* esse.

On écrit ainsi par *ce*, *nièce*, *pièce;* et par *sse*, *adresse*, *blesse*, *paresse*, etc.

MOTS *en* ice *et en* isse.

On écrit ainsi par *ce*, *calice*, *office*, *artifice*, *précipice;* et par *sse*, *écrevisse*, *réglisse*, *jaunisse*, et tous les imparfaits du subjonctif de la deuxième et de la quatrième conjugaison : *je finisse*, *je rendisse*, etc.

MOTS *en* sion, tion, xion, ction.

On écrit par une *s*, *appréhension*, *dimension*, *pension*, *convulsion*, *ascension*, etc. ; et par *t*, *attention*, *condition*, *agitation*, *discrétion*, etc.

Remarque. *t* conserve sa prononciation dans les noms où il est précédé d'une *s* ou d'un *x* : *question*, *indigestion*, *mixtion;* autrement, il se prononce comme *s* : *attention*, prononcez *attension*.

On écrit par *x*, *fluxion*, *réflexion*, *complexion*, *génuflexion*, etc. ; et par *ct*, *action*, *distinction*, *séduction*, *prédilection*, etc.

(Ces observations ne peuvent être réduites en règles générales : la lecture, le dictionnaire et l'usage doivent seuls en tenir lieu.)

ORTHOGRAPHE DES VERBES.

Présent de l'indicatif.

Singulier. 1° Si la première personne finit par *e*, *j'aime*, *j'ouvre*, etc., on ajoute *s* à la seconde : la troisième est semblable à la première; exemple: *j'aime, tu aimes, il aime.*

2° Si la première personne finit par *s* ou *x*, la seconde est semblable à la première; la troisième finit ordinairement en *t*: *je finis, tu finis, il finit.* (Dans quelques verbes, la troisième personne se termine en *d*: il *rend*, il *vend*, il *prétend*.)

Pluriel. Le pluriel, dans toutes les conjugaisons, se termine toujours par *ons, ez, ent*: *nous aim*ons, *vous aim*ez, *ils aim*ent; *nous finiss*ons, *vous finiss*ez, *ils finiss*ent.

Imparfait de l'indicatif.

Il se termine toujours de cette manière: *ais, ais, ait, ions, iez, aient.*

*J'aim*ais, *tu aim*ais, *il aim*ait, *nous aim*ions, *vous aim*iez, *ils aim*aient.

Prétérit de l'indicatif.

Le prétérit *défini* a quatre terminaisons: *ai, is, us, ins*, de cette manière:

*J'aim*ai, *tu aim*as, *il aim*a, *nous aim*âmes, *vous aim*âtes, *ils aim*èrent.

*Je fin*is, *tu fin*is, *il fin*it, *nous fin*îmes, *vous fin*îtes, *ils fin*irent.

*Je reç*us, *tu reç*us, *il reç*ut, *nous reç*ûmes, *vous reç*ûtes, *ils reç*urent.

*Je dev*ins, *tu dev*ins, *il dev*int, *nous dev*înmes, *vous dev*întes, *ils dev*inrent.

Futur de l'indicatif.

Il se termine toujours ainsi: *rai, ras, ra, rons, rez, ront*:

*J'aime*rai, *tu aime*ras, *il aime*ra, *nous aime*rons, *vous aime*rez, *ils aime*ront.

*Je recev*rai, *tu recev*ras, *il recev*ra, *nous recev*rons, *vous recev*rez, *ils recev*ront (1).

---

(1) N'écrivez pas *je receverai, je renderai*; on ne met *e* devant *rai* qu'à la première conjugaison.

Conditionnel présent.

Il se termine toujours ainsi : *rais*, *rais*, *rait*, *rions*, *riez*, *raient*.

*J'aime*rais, *tu aime*rais, *il aime*rait, *nous aime*rions, *vous aime*riez, *ils aime*raient.

*Je recev*rais, *tu recev*rais, *il recev*rait, *nous recev*rions, *vous recev*riez, *ils recev*raient.

Présent du subjonctif.

Il se termine toujours ainsi : *e*, *es*, *e*, *ions*, *iez*, *ent*.

*Que j'aim*e, *que tu aim*es, *qu'il aim*e, *que nous aim*ions, *que vous aim*iez, *qu'ils aim*ent.

Imparfait du subjonctif.

Il a quatre terminaisons : *asse*, *isse*, *usse*, *insse*, de cette manière :

*J'aim*asse, *tu aim*asses, *il aim*ât, *nous aim*assions, *vous aim*assiez, *ils aim*assent.

*Je fin*isse, *tu fin*isses, *il fin*ît, *nous fin*issions, *vous fin*issiez, *ils fin*issent.

*Je reç*usse, *tu reç*usses, *il reç*ût, *nous reç*ussions, *vous reç*ussiez, *ils reç*ussent.

*Je dev*insse, *tu dev*insses, *il dev*înt, *nous dev*inssions, *vous dev*inssiez, *ils dev*inssent.

Remarquez que les secondes personnes plurielles des verbes ont ordinairement un *z* à la fin.

REMARQUES

SUR L'ORTHOGRAPHE DES PRONOMS, ADVERBES ET AUTRES MOTS.

Leur ne prend jamais *s* à la fin, quand il est joint à un verbe ; alors il signifie *à eux*, *à elles* : *ces enfants ont été sages, je* leur *donnerai un prix*.

Leur, suivi d'un nom pluriel, prend une *s* ; alors il signifie *d'eux*, *d'elles* : *un père aime ses enfants, mais il n'aime pas* leurs *défauts*.

On ne met pas d'accent sur *o* dans *notre*, *votre*,

quand ils sont devant un nom, *votre père, notre maison*; mais on met un accent circonflexe sur *ô* dans *le nôtre, le vôtre, la nôtre, la vôtre*. Exemple : *mon livre est plus beau que* le vôtre.

On met un accent grave sur *là*, adverbe de lieu : *allez* là ; on n'en met point sur *la*, article : la *mère ;* ni sur le pronom féminin *la : je* la *connais*.

On met un accent grave sur *où*, adverbe de lieu : où *allez-vous?*

On n'en met point sur *ou*, conjonction : *c'est vous ou moi.*

On met un accent grave sur *à*, préposition : *je vais* à *Paris*.

On n'en met point sur *a*, troisième personne du verbe *avoir : il* a *de l'esprit*.

On met un accent circonflexe sur *dû*, participe du verbe *devoir : rendez à chacun ce qui lui est* dû ; on n'en met point sur *du*, article : *la lumière* du *soleil*.

DE L'APOSTROPHE.

L'*Apostrophe* (') marque le retranchement d'une de ces trois lettres, *a, e, i*.

a, e, suivis d'une voyelle ou d'une *h* muette, se retranchent dans *le, la, je, me, te, se, de, ne, que, ce*.

Le, on dit : l'*ami*, l'*enfant*, l'*instinct*, l'*oiseau*, l'*univers*, l'*honneur*, pour le *enfant*, etc.

La, on dit : l'*abeille*, l'*épée*, l'*intention*, l'*oisiveté*, etc., pour la *abeille*, la *épée*, etc.

Je, on dit : j'*apprends*, j'*étudie*, j'*honore*, j'*oublie*, etc., pour je *apprends*, etc.

Me, on dit : *vous* m'*aimez*, *vous* m'*estimez*, *vous* m'*instruisez*, etc., pour me *aimez*, etc.

Te, on dit : *je* t'*avertis*, *je* t'*ennuie*, *je* t'*invite*, etc., pour te *avertis*, etc.

Se, on dit : *il* s'*amuse*, *il* s'*ennuie*, *il* s'*instruit*, *il* s'*occupe*, pour se *amuse*, etc.

De, on dit : *beaucoup* d'*apparence*, d'*ignorance*, d'*orgueil*, pour de *apparence*, etc.

Ne, on dit : *je* n'*aime pas*, *je* n'*estime pas*, *il* n'*obéit pas*, pour ne *aime*, etc.

Que, on dit : qu'*avez-vous fait?* qu'*importe?* pour que *avez-vous fait?* etc.

Ce, on dit : c'*est la vérité*, pour ce *est*, etc.

e, à la fin des mots *quelque*, *entre*, *jusque*.

Quelque perd *e* devant *un*, *autre* : quelqu'*un*, quelqu'*autre*.

Entre perd *e* devant *eux*, *elles*, *autres* : entr'*eux*, entr'*elles*, entr'*autres*.

Jusque perd *e* devant *à*, *au*, *aux*, *ici* : *jusqu'*à *Paris*, *jusqu'*au *ciel*, *jusqu'*ici.

i se retranche dans le mot *si* devant *il*, *ils* : *s'*il *arrive*, *s'*ils *viennent*.

DU TRAIT D'UNION.

Le *Trait d'union* (-) se met entre les verbes et *je*, *me*, *moi*, *toi*, *tu*, *nous*, *vous*, *il*, *ils*, *elle*, *elles*, *le*, *la*, *les*, *lui*, *leur*, *y*, *en*, *ce*, *on*, quand ces mots sont placés après le verbe.

EXEMPLES. *Irai-je? viens-tu? donnez-lui; achèvera-t-il? viendra-t-elle? a-t-on fait? prenez-en*, *etc.*

On met encore le trait d'union entre deux mots tellement joints ensemble, qu'ils n'en font plus qu'un : *chef-d'œuvre*, *courte-pointe*, *avant-coureur*.

DU TRÉMA.

Le *Tréma* (¨). On appelle ainsi deux points placés sur les voyelles *ë*, *ï*, *ü*, quand ces lettres doivent être prononcées séparément de la voyelle qui précède, comme *poëte*, *naïf*, *Saül*, etc. (1).

DE LA CÉDILLE.

La *Cédille* (ç). On appelle ainsi une petite figure qu'on met sous le *c* devant *a*, *o*, *u*, pour avertir qu'il doit avoir le son de *s*, comme dans *façon*, *leçon*, *façade*, *reçu*.

---

(1) On met le tréma sur l'*e* muet, et non pas sur l'*u* des mots suivants : *aiguë*, *ambiguë*, *ciguë*, et quelques autres, afin qu'on ne les prononce point comme ceux-ci : *langue*, *harangue*, *fatigue*, etc.

DE LA PARENTHÈSE.

La *Parenthèse*. On appelle ainsi deux crochets (), entre lesquels on renferme quelques mots détachés. Exemple : *celui qui évite d'apprendre* (dit le Sage) *tombera dans le mal.*

DE LA PONCTUATION.

Il y a six marques pour indiquer en écrivant les endroits du discours où l'on doit s'arrêter.

1° La virgule (,) se met après les noms, les adjectifs, les verbes qui se suivent.

EXEMPLES. *La candeur, la douceur, la simplicité, sont les vertus de l'enfance.*
La charité est douce, patiente, bienfaisante.

La virgule sert encore à distinguer les différentes parties d'une phrase.

EXEMPLE. *L'étude rend savant, et la réflexion rend sage.*

2° Le point avec la virgule (;) se met entre deux phrases dont l'une dépend de l'autre.

EXEMPLE. *La douceur est, à la vérité, une vertu; mais elle ne doit pas dégénérer en faiblesse.*

3° Les deux points (:) se mettent après une phrase finie, mais suivie d'une autre qui sert à l'étendre ou à l'éclaircir.

EXEMPLE. *Il ne faut jamais se moquer des misérables: car qui peut s'assurer d'être toujours heureux?*

4° Le point (.) se met à la fin des phrases, quand le sens est entièrement fini.

EXEMPLE. *Le mensonge est le plus bas de tous les vices.*

5° Le point interrogatif (?) se met à la fin des phrases qui expriment une interrogation.

EXEMPLE. *Quoi de plus beau que la vertu?*

6° Le point d'admiration (!) se met après les phrases qui expriment l'admiration.

EXEMPLES. *Qu'il est doux de servir le Seigneur!*
Qu'il est glorieux de mourir pour la patrie!

APPENDICE.

I. DE LA PROPOSITION.

On ne peut exprimer une pensée sans faire une *proposition.*

Toute proposition renferme nécessairement, 1° le *nom* de la personne ou de la chose dont on parle, c'est le SUJET ; 2° le mot qui exprime la qualité ou manière d'être qu'on attribue au sujet, c'est l'ATTRIBUT ; 3° le mot qui unit l'attribut au sujet, c'est le VERBE.

Exemples de proposition.

Suj. v. attrib. Suj. verb. attrib.
Dieu est juste. — Les hommes sont mortels.

1re REMARQUE. Le sujet, le verbe et l'attribut s'appellent les *termes essentiels* d'une proposition, parce qu'il ne peut y avoir de propositions sans la réunion de ces trois termes, exprimés ou sous-entendus. Mais aux mots qui les représentent, viennent souvent se joindre d'autres mots qui les modifient, et que nous appellerons *termes accessoires* de la proposition.

Exemple.

Dieu, créateur du ciel et de la terre, *est aimé* des hommes vertueux.
Suj. v. attrib.
Dieu.... est aimé. Termes essentiels.
Créateur du ciel et de la terre. Termes acc. modifiant le sujet.
Des hommes vertueux. Termes acc. modifiant l'attribut.

2e REMARQUE. Le verbe et l'attribut sont souvent réunis en un seul mot.

Exemples.

Suj. v. et attrib.
L'homme meurt.
Le soleil brille.
Je lis.

C'est comme s'il y avait *l'homme est mortel; le soleil est brillant; je suis lisant...*

3e REMARQUE. Il y a dans une phrase autant de propositions qu'il y a de verbes exprimés ou sous-entendus.

Exemple :

Qui a fait le soleil ? Dieu

C'est comme s'il y avait : *Dieu a fait le soleil ;* et il y a deux propositions. Dans la seconde, le verbe et l'attribut se trouvent sous-entendus, comme il arrive quelquefois que l'on sous-entend le sujet.

4e REMARQUE. Un verbe à l'infinitif doit être considéré comme un nom, et se trouve ou sujet ou attribut de la proposition.

Exemples.

Faire le bien est le secret d'être heureux.
Donner l'aumône c'est prier.

II. DE LA RÉUNION DES PROPOSITIONS.

Il y a souvent dans une phrase plusieurs propositions ; et alors il faut examiner si elles ont quelque rapport entre elles, et quel rapport.

I. *Les ignorants sont sujets à se tromper, et ont coutume de décider hardiment.*

Ce sont là deux propositions que l'on peut séparer l'une de l'autre, chacune formant un sens complet. On les appelle *propositions* ABSOLUES.

II. *Tout le monde convient que l'éducation est un trésor.*

1re Proposition. *Tout le monde convient.* Le sens de cette proposition n'est pas achevé, et la seconde, *l'éducation est un trésor* (qui lui est unie par la conjonction *que*), sert à le compléter. C'est de là qu'on appelle la première *incomplète*, et la seconde, *complétive.*

REMARQUE. C'est presque toujours la conjonction *que* qui unit, en français, une proposition *complétive* à *l'incomplète.*

III. La CONSIDÉRATION qu'on accorde à la vertu EST PRÉFÉRABLE A CELLE qu'on accorde à la naissance.

1re Proposition. *La considération... est préférable à celle...*
2e Proposition. *Qu'on accorde à la vertu.*
3e Proposition. *Qu'on accorde à la naissance.*

Ces propositions ont entre elles un rapport facile à saisir. *Qu'on accorde à la vertu* se rapporte au sujet de la première proposition, et le modifie. *Qu'on accorde à la naissance* retombe sur *celle*, qui appartient à l'attribut de la première proposition C'est de là qu'on appelle proposition *incidente* toute proposition qui retombe, ou sur le sujet, ou sur l'attribut d'une autre proposition, laquelle, par rapport à l'incidente, s'appelle *principale.*

REMARQUE. Toute proposition commençant par *qui*, *que* relatif, *dont...* est *incidente.*

DE L'ANALYSE.

Pour bien connaître le mécanisme et le jeu d'une montre, il est essentiel de la démonter, et d'en considérer chaque pièce, soit en elle-même, soit par rapport aux autres. Il faut de même analyser, c'est-à-dire *décomposer* le discours, pour en avoir une idée complète.

On distingue deux sortes d'analyses: l'une a pour objet chaque mot considéré matériellement: c'est *l'analyse grammaticale*. Dans cette espèce d'analyse, on rend compte de l'espèce de mot, de ses accidents (genre, nombre, conjugaison, etc.), des règles que prescrit la grammaire, etc.

L'autre espèce d'analyse considère les mots réunis pour exprimer nos jugements: c'est *l'analyse logique* ou *des pensées*.

Nous allons donner un exemple de ces deux sortes d'*analyses*.

Phrases à analyser.

Le temps est très-précieux. Tous les hommes sont persuadés qu'il importe de le bien employer. Cependant on en voit peu qui agissent en conséquence de cette persuasion. Pourquoi, hélas! connaissons-nous si mal nos véritables intérêts?

1° ANALYSE LOGIQUE.

Ces phrases renferment six propositions:

1. *Le temps est... précieux.*	Proposition absolue.
2. *Les hommes sont persuadés...*	— incomplète.
3. *Il importe...*	— complétive.
4. *On voit.*	— principale.
5. *Qui agissent.*	— incidente.
6. *Connaissons-nous?*	— absolue interrog.

Dans la première proposition, l'attribut *précieux* est modifié par le terme accessoire *très*.

Dans la 2e, le sujet *les hommes* est modifié par *tous*.

Dans la 3e, le sujet indéterminé *il* est déterminé par ces mots *de le bien employer*. *Il*, ou ceci, savoir, *de le bien employer est important*. Cette proposition complétive est *jointe* à l'incomplète par la conjonction *que*.

Dans la 4e, Cependant *on* en *voit* peu, c'est encore l'attribut *voit* qui est modifié par les termes accessoires *cependant*, *en*, *peu*. On voit, *quoi? Peu de ces hommes*. Dans quelle position voit-on peu de ces hommes? *Cependant*, c'est-à-dire, *pendant cela*. *Cela* ou *cette persuasion* (qu'il importe de bien employer le temps) *étant*.

Dans la 5e, *agissent*. Le sujet *qui* retombe sur *peu* de la proposition principale. *Agissent*, verbe et attribut, dont le sens est spécifié par les termes accessoires, *en conséquence de cette persuasion*.

Dans la 6e, *connaissons-nous*. *Nous* est le sujet; *connaissons*, verbe et attribut. Les adverbes *pourquoi* et *si mal* modifient cet attribut. Ces mots, *nos intérêts*, dépendent aussi de *connaissons*, dont ils déterminent le sens.

2° ANALYSE GRAMMATICALE

Le,	Article sing. masc. qui se rapporte à *temps*.
temps,	Nom masc. au sing., sujet du verbe.
est,	3e pers. du sing. du prés. de l'indicatif du verbe substantif *être*.
très,	Adverbe qui est un des signes du superlati absolu.
précieux.	Fém. *précieuse*, adj. qui se rapporte à *temps*.
Tous,	Plur. masc. de *tout* (fém. *toute*), adj., qui se rapporte à *hommes*.
les,	Article plur. au masc. se rapporte à *hommes*.
hommes,	Nom masc. au plur., sujet du verbe *sont*.
sont persuadés,	3e personne du plur. du prés. de l'indic. passif du verbe actif *persuader*. Ce temps est composé du participe passé de ce verbe, que l'on conjugue avec le verbe *être*. T. P. persuader, persuadant, persuadé, je persuade, je persuadai. Le participe *persuadés* doit s'accorder ici avec le sujet *hommes*, parce qu'il est conjugué avec l'auxiliaire *être*.
que,	Conj. qui unit ici deux propositions. On a retranché la dernière lettre de ce mot, parce que le suivant commence par une voyelle; et on la remplace par l'apostrophe.
il,	Pronom de la 3e personne, toujours sujet. Il ne se rapporte à aucun nom qui précède, mais à ceux qui suivent, *de le bien employer*. Dans ce sens, *il* dérive du latin *illud*, et signifie *ceci*. Par exemple: *ceci* (savoir *bien employer le temps*) *est important*.
importe,	3e pers. du sing. du prés. de l'indic. du verbe neutre impersonnel *il importe*, qu'il faut bien distinguer du verbe actif *importer*, lequel signifie *faire arriver dans son pays des denrées étrangères*.

de,	Préposition qui exprime ici le rapport d'*employer* à *il.*
le,	Pronom de la 3e personne (toujours régime d'un verbe, ce qui le distingue de l'article *le*, que l'on met devant les noms), ici régime du verbe *employer.*
bien,	Adverbe qui modifie le verbe *employer.*
employer.	Verbe de la 1re conjugaison, au prés. de l'infin. T. P. employer, employant, employé, j'emploie, j'employai.
Cependant,	Adverbe composé de la préposition *pendant* et du pronom *ce.*
on,	Pronom indéfini, toujours sujet; il l'est ici de *voit.*
en,	Pronom de la 3e pers., équivalant à *de lui, d'elles, d'eux*, etc., et toujours régime indirect.
voit,	3e pers. du sing. du prés. de l'indic. de *voir*, verbe actif de la 3e conjug. T. P. voir, etc.
peu,	Adverbe de quantité Avec le pronom *en*, il est régime de *voit.*
qui,	Pronom conjonctif, sujet du verbe *agissent*, au plur. masc., se rapportant à *hommes*, dont *en* tient la place.
agissent,	3e pers. du pl. du prés. de l'ind. actif d'*agir*, verbe actif de la 2e conj. T. P. agir, etc.
en,	Préposition (qu'il ne faut pas confondre avec le pronom *en*, analysé plus haut), dérivée de la préposition *in* des Latins. Il faut remarquer que cette préposition marquant un sens vague et indéterminé, n'est jamais suivie de l'article.
conséquence,	Nom fém. au sing., régime de la prép. *en.*
de,	Préposition qui exprime un rapport entre le mot qui précède et *persuasion.*
cette,	Sing. fém. du pronom démonstratif *ce* : *cet* devant un mot masculin commençant par une voyelle, d'où on a formé le féminin *cette.*
persuasion.	Nom fém. au sing., régime de la préposition.

Pourquoi, Adverbe d'interrogation, composé de la préposition *pour* et de *quoi*, pronom interrogatif.

hélas! Interjection qui exprime un mouvement subit de douleur. Il faut remarquer que ces espèces de mots ne font pas partie de la proposition; ils sont, pour ainsi dire, *jetés au milieu de la phrase;* de là leur nom est tiré des mots latins *jacere inter, jeter parmi.*

connaissons-nous, 1re pers. au plur. du prés. de l'indic. actif de *connaître*, verbe actif de la 4e conjug. T. P. connaître, etc. Observons ici que c'est pour marquer l'interrogation que *nous*, pronom sujet, est placé après le verbe.

si, Adverbe qui modifie l'adverbe suivant; il équivaut ici à *tellement*, et doit être distingué de *si* conjonction.

mal, Adv. qui modifie le verbe *connaissons.*

nos, Plur. masc. de *notre;* adjectif possessif (dérivé du pronom de la 1re personne au plur. *nous*), se rapportant à *intérêts.*

véritables, Adj. masc. et fém. au plur., se rapportant à *intérêts.*

intérêts. Nom masc. au plur., régime direct de *connaissons.*

Il appartiendrait encore à l'analyse grammaticale de rendre compte de la ponctuation.

Il y a un *point* après les mots *précieux, employer, persuasion*, parce que le sens est fini après chacun de ces mots.

Il y a une *virgule* après *pourquoi*, pour indiquer un petit repos qui est nécessaire avant l'interjection.

Hélas est suivi d'un *point d'exclamation*, dont le propre est d'indiquer une espèce de cri. Enfin, la dernière phrase est terminée par un *point d'interrogation*, parce qu'elle renferme une interrogation directe. On n'en mettrait pas si l'interrogation n'était pas directe comme dans la phrase suivante : *Mentor demanda à Idoménée* QUELLE *était la conduite de Protésilas;* parce que dans la ponctuation on n'a égard qu'à la proposition principale.

MÉTHODE D'ANALYSE GRAMMATICALE.

POUR ANALYSER	IL FAUT INDIQUER
Un NOM,	Le genre, le nombre, et le rôle qu'il joue dans la phrase (est-il sujet ou régime?).
Un ARTICLE,	Le genre, le nombre, quel mot il détermine.
Un ADJECTIF,	Le genre, le nombre, à quel mot il se rapporte.
Un PRONOM,	L'espèce, de quel nom il tient la place.
Un VERBE,	La personne, le nombre, le temps, le mode, la voix, l'espèce de verbe, les temps primitifs.
Un PARTICIPE,	L'espèce, le genre, le nombre, à quoi il se rapporte.
Une PRÉPOSITION,	Quels mots elle met en rapport
Un ADVERBE,	L'espèce; quel mot il modifie. d'où il est formé.
Une CONJONCTION,	Si elle unit deux propositions, ou seulement deux termes d'une proposition (deux sujets ou deux régimes).
Une INTERJECTION,	Quel sentiment elle exprime (douleur, joie, etc.).

RÈGLES ABRÉGÉES

DES PARTICIPES.

Il y a deux sortes de *participes :* le *participe présent* et le *participe passé.*

1° DU PARTICIPE PRÉSENT.

Le participe présent peut être considéré sous deux rapports : ou comme *participe*, ou comme *adjectif verbal.* Considéré comme participe, il est invariable; considéré comme adjectif verbal, il suit le genre et le nombre du nom auquel il se rapporte.

Nota. Le participe présent est *participe* quand il exprime action de la part du sujet.

EXEMPLES. *J'ai vu des animaux* RAMPANT *jusqu'à mes pieds* : ici le sujet agit, fait l'action de *ramper*. Il est *adjectif verbal* quand il marque l'état, l'habitude, le caractère, etc. : *j'ai vu à mes pieds des animaux* RAMPANTS, c'est-à-dire qui avaient la faculté de *ramper*.

2° DU PARTICIPE PASSÉ.

Le participe passé peut être considéré sous trois rapports, ou comme précédé de l'auxiliaire *avoir*, ou comme précédé de l'auxiliaire *être*, ou comme précédé d'un *réfléchi*.

1° Le participe passé précédé de l'auxiliaire *avoir* est invariable.

EXEMPLE. *Nous avons* FRANCHI *les bornes*.

Exception. Il s'accorde en genre et en nombre avec son complément *direct* quand il en est régulièrement précédé. Ce complément est toujours un des pronoms *me*, *te*, *se*, *nous*, *vous*, *le*, *la*, *les*, *que*, *quel*, *combien*.

EXEMPLE. *Les savants que nous vons* RENCONTRÉS *étaient modestes*.

2° Le participe passé précédé de l'auxiliaire *être* suit le genre et le nombre du substantif auquel il se rapporte.

EXEMPLE. *Les routes sont* OUVERTES.

3° Le participe passé précédé d'un *réfléchi* s'accorde avec lui en genre et en nombre quand il est direct.

EXEMPLE. *Plusieurs femmes se sont* PROPOSÉES *comme savantes*.

Il est invariable quand il est indirect.

EXEMPLE. *Plusieurs femmes se sont* PROPOSÉ *de prendre du service*.

Le participe *fait* suivi d'un infinitif est invariable.

Tous les participes en général sont soumis à ces règles simples ; s'il se rencontre des difficultés, c'est par le raisonnement qu'il faut les résoudre.

FIN.

LISTE DES MOTS

DANS LESQUELS LA LETTRE *H* EST ASPIRÉE.

ha!
hableur
hache.
hagard.
haha.
hahalis.
hahé.
haie.
haïe.
haillon.
Hainaut.
haine.
haineux.
haïr.
haire.
halage.
halbran.
hâle.
halener.
haleter.
halle.
hallebarde.
hallebreda.
hallier.
halloir.
halot.
halotechnie.
halte.
halurgie.
Ham.
hamac.
hamagogue.
Hambourg.
hameau.
hampe.
han.
hapan.
Hanan.
hanche.
hanebane.
hanneton.
hangar.
hanscrit.
hanse.
hansière.
hanter.
hapalanthe.
happe.
happelourde.
happer.
haquenée.
haquet.
harangue.
haras.
harasser.
harceler.
hard.
harde.
harder
hardes.
hardi.
hareng.
Harfleur.
hargneux.
haricot.
haridèle.
Harlay.
Harlem.
harnais.
haro.
harpail.
harpe.
harpeau.
harpégement.
harper.
harpon.
harpie.
hart.
hasard.
hâse.
hast.
hâte.
hatereau.
hâteur.
hâtier.
haubans.
haubert.
hauteur.
Havanne.
hâve.
haveneau.
havet.
havir.
havre.
havre-sac.
hé!
heaume.
hem!
hennir.
Henri.
héraut.
hère.
hérisser.
hernie.
héron.
héros.
herse.
Hesse.
hêtre.
heurter.
hibou.
hic.
hideux.
hie.
hiérarchie.
hisser.
hobereau.
hobin.
hoc.
hoca.
hoche.
hochepot.
hocher.
hochet.
holà!
Hollande.
hollander.
homard.
hongre.
Hongrie.
honnir.
honte.
hoquet.
hoqueton.
horde.
horion.
hormis.
hors.
hotte.
houblon.
houe.
houille.
houle.
houlette.
houpe.
houpelande.
houper.
houpier.
houraillis.
hource.
hourder.
hourdi.
houret.
houri.
hourque.
hourzari.
housche.
housé.
houseaux.
houspiller.
houssaie.
houssard.
housse.
housseaux.
housset.
houssine.
housson.
houx.
hoyau.
huare.
huche.
huer.
huette.
huguenot.
huit.
hulotte.
humeur.
hune.
Huningue.
hupe.
hure.
hurler.
Huron.
hussard.
hutte.

TABLE DE MULTIPLICATION.

2 fois 2		font 4
2	3	6
2	4	8
2	5	10
2	6	12
2	7	14
2	8	16
2	9	18
2	10	20
2	11	22
2	12	24
2	13	26
2	14	28
2	15	30

3 fois 3		font 9
3	4	12
3	5	15
3	6	18
3	7	21
3	8	24
3	9	27
3	10	30
3	11	33
3	12	36
3	13	39
3	14	42
3	15	45

4 fois 4		font 16
4	5	20
4	6	24
4	7	28
4	8	32
4	9	36
4	10	40
4	11	44
4	12	48
4	13	52
4	14	56
4	15	60

5 fois 5		font 25
5	6	30
5	7	35
5	8	40
5	9	45
5	10	50
5	11	55
5	12	60
5	13	65
5	14	70
5	15	75

6 fois 6		font 36
6	7	42
6	8	48
6	9	54
6	10	60
6	11	66
6	12	72
6	13	78
6	14	84
6	15	90

7 fois 7		font 49
7	8	56
7	9	63
7	10	70
7	11	77
7	12	84
7	13	91
7	14	98
7	15	105

8 fois 8		font 64
8	9	72
8	10	80
8	11	88
8	12	96
8	13	104
8	14	112
8	15	120

9 fois 9		font 81
9	10	90
9	11	99
9	12	108
9	13	117
9	14	126
9	15	135

10 fois 10		font 100
10	11	110
10	12	120
10	13	130
10	14	140
10	15	150

11 fois 11		font 121
11	12	132
11	13	143
11	14	154
11	15	165

12 fois 12		font 144
12	13	156
12	14	168
12	15	180

13 fois 13		font 169
13	14	182
13	15	195

14 fois 14		font 196
14	15	210

15 fois 15		font 225
15	16	240
15	17	255
15	18	270
15	19	285
15	20	300

Tours, imp. Mame.

LIVRES CLASSIQUES

A L'USAGE DES

MAISONS D'ÉDUCATION

ÉDITIONS APPROUVÉES

PAR S. ÉM. Mgr LE CARDINAL ARCHEVÊQUE DE TOURS

CARTONNÉS

Abrégé d'Arithmétique décimale, 1 vol. in-12.
Abrégé de l'Histoire sainte, 1 vol. in-18.
Alphabet Chrétien, 1 vol. in-18.
Aventures de Télémaque, par Fénelon; 1 vol. in-12.
Bible de Royaumont, 1 vol. in-12.
Cantiques de Saint-Sulpice, 1 vol. in-18.
Catéchisme historique abrégé, par Fleury; 1 vol. in-18.
Devoirs du Chrétien, par J.-B. de la Salle; 1 vol. in-12.
Doctrine Chrétienne, par Lhomond; 1 vol. in-12.
Épîtres et Évangiles, traduction nouvelle (propriété); 1 vol. in-18.
Fables de La Fontaine, 1 vol. in-18.
Grammaire Française, par Lhomond; 1 vol. in-12.
Histoire abrégée de l'Ancien Testament, avec la Vie de N. S. Jésus-Christ; 1 vol. in-12.
Histoire de Charles XII, roi de Suède, par Voltaire; 1 vol. in-12.
Histoire de la Religion, par Lhomond; édition revue; 1 vol. in-12.
Histoire de l'Église, par Lhomond; 1 vol. in-12.
Mœurs des Israélites et des Chrétiens, par l'abbé Fleury; édition revue; 1 vol. in-12.
Morale en action, 1 vol. in-12.
Psautier de David, 1 vol. in-18.

CLASSIQUES A L'USAGE DE LA JEUNESSE CHRÉTIENNE

Volumes in-18, cartonnés, dos en toile, avec couverture imprimée.

Abrégé élémentaire de Géographie et de Sphère.
Cours abrégé d'Histoire de France, par Mme Emma Morel.
Logique des Demoiselles, par V. Doublet.
Mythologie épurée, par Mme Emma Morel.
Rhétorique des Demoiselles, par V. Doublet.

www.ingramcontent.com/pod-product-compliance
Ingram Content Group UK Ltd.
Pitfield, Milton Keynes, MK11 3LW, UK
UKHW020413230726
13925UKWH00004B/1404